Ullstein

ÜBER DAS BUCH:

Salami, natürlich hauchdünn geschnitten, Suppen jeglicher Konsistenz und Farbe – auch wenn sie zu des Autors größtem Ärger »immer viel zu heiß« sind –, eine zarte Hühnerbrust und eine knackige Frühlingszwiebel: Das sind die Leibspeisen des beliebten Satirikers, der damit die ungarische Herkunft seines chauvinistischen Magens nicht verleugnet.
Wiederum hat Ephraim Kishon ein »ewiges« Thema gewählt, das allen Menschen gleichermaßen Sorgen oder Freude bereitet. Schließlich handelt es sich bei dieser heiteren Satirensammlung aus Ephraim Kishons umfangreichem humoristischem Werk um nichts weniger als »die zweitschönste Sache im Leben«. . .

DER AUTOR:

Ephraim Kishon, am 23. August 1924 als Ferenc (Franz) Hoffmann in Budapest geboren. Studium der Kunstgeschichte und Besuch der Kunstakademie. 1949 Auswanderung nach Israel, wo er von einem Einwanderungsbeamten den Namen erhielt, unter dem er weltberühmt wurde. Er arbeitete zunächst in einem Kibbuz und publizierte seit 1952 politisch-satirische Glossen in verschiedenen Tageszeitungen. Ephraim Kishon lebt als freier Schriftsteller in Tel Aviv.

Ephraim Kishon

Essen
ist meine Lieblingsspeise

Gesammelte Satiren
um die zweitschönste Sache
der Welt

Mit Zeichnungen von
Rudolf Angerer

Ullstein

ein Ullstein Buch
Nr. 23456
im Verlag Ullstein GmbH,
Frankfurt/M – Berlin
Ins Deutsche übertragen von
Friedrich Torberg und
Ephraim Kishon
Redaktion: Brigitte Sinhuber

Ungekürzte Ausgabe

Umschlagillustration:
Rudolf Angerer
Alle Rechte vorbehalten
Taschenbuchausgabe mit
freundlicher Genehmigung der
F. A. Herbig Verlagsbuch-
handlung GmbH, München
© 1992 by Langen Müller
in der F. A. Herbig Verlags-
buchhandlung GmbH, München
Printed in Germany 1995
Druck und Verarbeitung:
Ebner Ulm
ISBN 3 548 23456 9

34.–41. Tsd. Dezember 1995
Gedruckt auf alterungs-
beständigem Papier mit
chlorfrei gebleichtem Zellstoff

Die Deutsche Bibliothek –
CIP-Einheitsaufnahme

Kishon, Ephraim:
Essen ist meine Lieblingsspeise :
gesammelte Satiren um die zweitschönste
Sache der Welt / Ephraim Kishon. Mit
Zeichn. von Rudolf Angerer. [Ins Dt.
übertr. von Friedrich Torberg und Ephraim
Kishon]. – Ungekürzte Ausg., 34.–41. Tsd.
– Frankfurt/M ; Berlin : Ullstein, 1995
   (Ullstein-Buch ; Nr. 23456)
   ISBN 3-548-23456-9
NE: Angerer, Rudolf [Ill.]; GT
Vw: Hoffmann, Ferenc [Wirkl. Name]
→ Kishon, Ephraim

Vom selben Autor
in der Reihe
der Ullstein Bücher:

Es war die Lerche (20033)
Kishon für Kenner (20065)
Kishons beste Reisegeschichten (20333)
Kein Öl, Moses? (20569)
Abraham kann nichts dafür (20723)
Beinahe die Wahrheit (20766)
Im neuen Jahr wird alles anders (20981)
Kein Applaus für Podmanitzki (20982)
Kishon für Manager (22276)
Hausapotheke für Gesunde (22350)
Total verkabelt (22439)
Kishons beste Autofahrergeschichten
(22451)
. . . und die beste Ehefrau von allen
(22601)
Das große Kishon-Karussell (22752)
Undank ist der Welten Lohn (22810)
Arche Noah, Touristenklasse (22968)
Das Kamel im Nadelöhr (22996)
Kishons beste Familiengeschichten/
. . . und die beste Ehefrau von allen
(23408)
Kishons beste Familiengeschichten
(23422)
Kishons beste Tiergeschichten (23483)
Pardon, wir haben gewonnen (23506)
Paradies neu zu vermieten (23562)
Kishons beste Geschichten (23805)
In Sachen Kain und Abel (40124)

*»Alles kann man dem Menschen nehmen,
seinen Besitz, seine Freiheit,
selbst seine Ehre. Nur eines nicht –
das, was er gegessen hat.«*

E. K. SOKRATES

Inhalt

Historischer Überblick 9

18/19

Kein Spinat für Lumpensammler 21
Kakao als Generationskonflikt 25
Ein Magen hat Heimweh 33
Gib dem Affen Zucker 42
Ein Mann sieht Rot 48
Psychologie in Brezelform 51
Die unerklärliche Magie
der Wassermelone 55

HORS D'OEUVRE

64/65

Die Schnellkochtopf-Epidemie 67
Salzstangenorgie wider Willen 72
Fünf Sterne für eine Henkersmahlzeit 79
Fruchtsalate sind gefährlich 88
Eine Künstlerin der Emanzipation 91
Nach dem Sündenfall 95
Katzenjammer in Blau 101

SUPPE
108/109

Erstgeborener als Sonderangebot 111
Ein Kraut mit Sinn für Humor 118
Der Fluch des Pharao 123
Ein Ei auf Rädern 128
Der kulinarische Rufmord 133
Feuerschlucker lieben Suppen 137

144/145

Wenn die Löffel fallen 147
Die Küche als Wohngemeinschaft 154
Triumph einer tollkühnen Fliege 157
Das Blinde-Kuh-Spiel 162
Das heißersehnte Lächeln des Kellners 165
Wem die Stunde schlägt 170
Service inbegriffen 175
Mitbringsel für Vierbeiner 181

Dessert

188/189

Der Kohlrabi schlägt zurück *191*
Die süßen Früchte der Massage *198*
Tutto von Spaghetti *200*
Kreislauf der Eintöpfe *202*
Zigeunerschnitzel auf »Fremde-Gattin-Art« *206*
Entrecôte im Niemandsland *213*
PR mit geölter Stimme *218*

226/227

Marathon der Gemütlichkeit *229*
Die Rotisserie einer Gattin *237*
Ristorante Santa Helena *240*
Selbstbedienung auf Kosten des Hauses *246*
Strategie der Sozialbananen *249*
Ulcus in Stereo *252*
Allein gegen die Mafia *260*

Historischer Überblick

Aus anthropologischer Sicht ist das Essen eine der ältesten Angewohnheiten des Menschen. Ja, es läßt sich sogar nachweisen, daß es in gewissen Kreisen bereits zu Urzeiten eingeführt wurde.

Schon in den Heiligen Schriften ist auffallend häufig vom Essen die Rede, angefangen mit der berüchtigten Apfelaffäre bis hin zum Letzten Abendmahl. Moses selbst räumt diversen koscheren Reinheitsvorschriften ein ganzes Kapitel ein, das die Aufnahme allzu leckerer Speisen rigoros einschränkt. In der griechischen Mythologie finden sich eindeutige Hinweise darauf, daß Essen nach und nach zum existentiellen Bedürfnis des Menschen wurde, ungeachtet des Risikos, daß es bei fortgesetzter Anwendung zu Abhängigkeit führen kann. Tatsache ist jedenfalls, daß die griechischen Götter dem frechen Tantalos zur Strafe einen Freßkorb mit den auserlesensten Delikatessen vor die Nase hängten. Allerdings unerreichbar für ihn. Die alten Römer hingegen bekannten sich als erste öffentlich dazu, daß dem Essen nicht nur nährende Bedeutung zukommt, sondern daß es im Rahmen wohlorganisierter Orgien durchaus echtes Vergnügen bereiten kann. Die römischen Adeligen, von ihren Mätressen wollüstig umlagert, vertilgten leidenschaftlich gern wahre Unmengen von Leckerbissen, danach empfahlen sie sich mit einem diskreten »Pardon« aufs Klo, steckten dort eine Feder in den Hals und räumten ihren Magen für weitere Gänge des Festmahls. Dieser Vorgang kann übrigens dank unserer modernen Lebensmittelindustrie heutzutage ohne Federlesens bewerkstelligt werden.

Die Einstellung zum Essen und den damit verbundenen Folgen hat sich also im Laufe der Generationen von Grund auf gewandelt. Während der beleibte Konsul Lukullus sich dank seiner üppigen Menüs noch einen Ehrenplatz in den Annalen sichern konnte, haben unsere »Weightwatchers« die mörderische Erfindung des

Kalorienzählens eingeführt und damit die digitale Waage zu einem integralen Bestandteil unserer täglichen Eß- und Trinkgewohnheiten erhoben.

Unserer bedauernswerten Generation bleibt also nur der neidische Blick auf die Bilder unserer Ahnen. Ihnen war es noch vergönnt, das goldene Zeitalter zu erleben, in dem eine wohlgewölbte Wampe als Symbol für das Wohlbefinden eines Mannes galt und die Schönheitsköniginnen ihre vollen Linien mit atemberaubenden Korsetts im Zaum hielten. Meine liebe Frau Mama ließ in meiner Jugend keine Gelegenheit aus, mich darauf hinzuweisen, daß nur wohlgerundete Pummelchen Überlebenschancen hätten, während die Magerlinge wie ich, früher oder später, zwangsläufig der Schwindsucht oder der Altersschwäche erliegen mußten.

Heute trifft bekanntlich das Gegenteil zu. Seitdem das Cholesterin es geschafft hat, den Weg ins Bewußtsein und in die Werbekampagne der Nahrungsmittelhersteller zu finden, ist das zu »Kohlenhydraten« avancierte Fett »pfui Teufel« und das Essen kein Vergnügen mehr. In der Bibel heißt es: »Die Väter haben saure Trauben gegessen, und den Kindern sind die Zähne stumpf geworden.« Heute besaufen sich die Kinder mit Wein, und die Väter sind deswegen sauer.

Nichts ist mehr, wie es war. Verkehrte Welt.

Eine allgemeine Verwirrung hat um sich gegriffen, welche die natürliche Neigung zum Essen derzeit zugrunde richtet. Sie zeigt sich nicht nur im neuen Taillendurchschnitt, der laut Statistik seit der Jahrhundertwende um 38% zugenommen hat, sondern auch im Verhalten des fressenden Menschen gegenüber den diversen Nahrungsmitteln.

Im glücklichen präkalorischen Zeitalter wurde der gute Blumenkohl normalerweise schlicht als »Blumenkohl« bezeichnet, und damit hatte es sich. Heute steht auf der Konservendose: »Kanadischer Edelblumenkohl. Enthält Strontium, Kalzium, Magnesium, Lithium, Aluminium und Proteine ohne künstlichen Zusatz von Nitroglyzerin.« Der glückliche Besitzer der Konserve kann also aufatmen, daß sein Edelblumenkohl aus Kanada wenigstens kein Eiweiß enthält. »Proteine« und »Eiweiß« sind zwar genau dasselbe, aber das muß schließlich nicht jeder wissen. Hauptsache, der Edelblumenkohl ist »light« und weder künstliche Farbstoffe noch echte Stoffarben beeinträchtigen seinen hohen Qualitätsanspruch.

Unbetroffen sind jedoch die siegreichen »Bio-Produkte aus dynamischem Anbau«. Meistens handelt es sich dabei um besonders erlesene Gemüsesorten, aus entferntesten Gegenden importiert, in denen sich die Umweltverschmutzung glücklicherweise völlig der Kontrolle unserer Gesundheitsbehörden entzieht.

Wie man sieht, wurde das Essen, dereinst beinahe heiliger Akt und ungetrübtes kulinarisches Vergnügen, im Laufe der menschlichen Evolution einerseits zum quälenden Problem, andererseits zum Bombengeschäft, das von einer Sintflut verführerischer Reklame begleitet wird. Für einen erfolgreichen Werbekreuzzug heuert der progressive Lebensmittelhersteller von heute ein gertenschlankes Mannequin an, das er gegen gutes Geld so lange mästet, bis es die faßähnlichen Ausmaße seiner Tante annimmt. Unter dem Foto der Tante steht dann in der Werbung »Vorher!«, unter dem des Mannequins »Nachher!«...

☆

Hier möchte ich aber einwerfen, wie erstaunlich ich es finde, daß jeder Vielfraß immer und immer wieder auf seine Unzulänglichkeit aufmerksam gemacht wird, die Mageren hingegen selten und die Glatzköpfe niemals. Ein Dicker aber muß sich mindestens ein Dutzend Mal am Tag anhören: »Hör mal, du solltest wirklich nicht soviel essen.«

Was für ein geschmackloser Übergriff in die Privatsphäre.

Wir wollen aber nicht ungerecht sein. Wohl oder übel muß man zugestehen, daß im Lebensmittelbereich auch einige überwältigende Fortschritte zu verzeichnen sind. Nehmen wir zum Beispiel die Farben. Moderne Nahrungsmittel werden heute in den märchenhaftesten Technicolor-Farben produziert, ganz zu schweigen von ihrer stimulierenden Glitzerverpackung. Will jedoch ein Hersteller auf Nummer Todsicher gehen, vermerkt er auf der Verpackung obendrein: »Nach Großmutters Art«...

Immerhin war das Essen früher auch eine durchaus legale Alternative zum außerehelichen Sex, auf dem ja bekanntlich bis heute ein göttliches Veto lastet. Im Zuge der weltweiten Befreiungswelle der letzten Jahrzehnte aber wurde der illegale Geschlechtsverkehr zur Pflicht, das Essen hingegen zum Tabu.

Alles hat eben seine Vor- und Nachteile.

Essen setzt auch persönliche Motive voraus. Essen als solches ist ja nicht nur eine existentielle Handlung, sondern oftmals auch ein soziales oder familiäres Ereignis, untermalt von Kerzenlicht, alkoholischen Getränken und romantischer Hintergrundmusik, Chefköchen und Kellnern. Ganz zu schweigen von den Schneidern und Näherinnen, welche die einzige Alternative zur Abmagerungskur bieten.

In dieser Hinsicht bin ich auch nicht besser als irgendein anderer. Zum Glück war ich in meiner Kindheit so dürr wie Bio-Magerquark, und diesem segensreichen Umstand verdanke ich es, daß ich auch heute nicht übermäßig dick bin. Wenn jedoch die täglichen Vergewaltigungsszenen und saftigen Sexualmorde über den Bildschirm flimmern, stopfe ich unkontrolliert Salzstangen in mich hinein, und es packt mich die fieberhafte Gier, in den hintersten Schubladen nach Schokoladenresten zu suchen. Dafür schäme ich mich aber nicht im geringsten, denn was der Körper braucht, das braucht er. Und überhaupt, ich kann mich beim besten Willen nicht daran erinnern, daß »Du sollst nicht naschen« eines der zehn Gebote ist. Was nun meinen zwickenden Hosenbund betrifft, den brauchen mir die oben erwähnten Schneider nicht weiter zu machen. Ich habe da mein ganz persönliches System entwickelt: Den Reißverschluß meiner Hose ziehe ich fast ganz hoch, den Knopf oder den Haken unter dem Gürtel aber lasse ich geöffnet. Dabei atme ich, so seicht es geht, und betrachte mich niemals im Profil in einem Spiegel, sondern immer nur »en face«.

Dieses Buch habe ich geschrieben, um Essen und Trinken von ihren neuen Fesseln zu befreien und ihnen den Glanz ihrer Jugend wiederzugeben.

Die kommenden Kapitel sollen nun exklusiv dem deutschsprachigen Leser ein umfassendes, subjektives Bild sämtlicher Begleiterscheinungen des Essens vermitteln. Schließlich ist Deutschland die einzige Nation der Welt, die eine ihrer Großstädte nach der populären Tätigkeit benannt hat, der dieses Buch gewidmet ist.

APERITIF

Kein Spinat
für Lumpensammler

Als ich mich an meinen altgedienten Schreibtisch gesetzt und meine Bleistifte gespitzt hatte, um mich der Beschäftigung mit der zweitschönsten Sache zu widmen, da mußte ich plötzlich – ich weiß nicht warum, vielleicht unter dem Eindruck der amerikanischen Präsidentenwahl – an meine Kinderzeit denken. Wenn mich meine Erinnerung nicht trügt – und warum sollte sie das, nach allem, was ich für sie getan habe –, war es eine glückliche, sorgenfreie Zeit; mit einer einzigen Ausnahme: Ich war, wie gesagt, so dünn, daß mein Großvater gerne scherzte, ich müsse zweimal ins Zimmer kommen, um drin zu sein.

Damals also bleuten Hausärzte den Eltern ein, daß nur korpulente Menschen wirklich gesund seien, weil sie genug Fett und Cholesterin zur Krankheitsabwehr mit sich herumtrügen.

So bekam ich von meiner Familie ununterbrochen zu hören, ich müsse enorm viel Butterbrote essen, sonst würde mir niemals ein Schnurrbart wachsen und die glorreiche ungarische Armee würde auf meine Dienste verzichten. Ich bedaure, sagen zu müssen, daß beide Drohungen mich kaltließen.

Im Mittelpunkt der damaligen Ernährungswissenschaft stand jedoch nicht das Butterbrot, sondern der Spinat. Eine alte jüdische Tradition, und vielleicht nicht nur eine jüdische, besagt, daß kleine Kinder keinen Spinat essen wollen. In der Praxis äußerte sich das in einer Art stiller Übereinkunft: Für Kinder war Spinat ein Anlaß für ewigen Haß, und für Eltern war er ein Testfall für ihre Autorität.

Ich selbst war leider völlig ungeeignet für dieses Kräftespiel zwischen den Generationen und zwar aus einem sehr einfachen Grund: Ich aß Spinat für mein Leben gern. Vielleicht leuchteten mir die Spielregeln nicht ein. Vielleicht war auch der Spinat daran schuld, weil er so gut schmeckte. Wie dem auch sei, meine Eltern waren verzweifelt: Jedes normale Kind haßte Spinat. Und ihr eigen Fleisch und Blut liebte ihn. Es war eine Schande.

Immer wenn bei uns daheim Spinat auf den Tisch kam und ich meine gute Mutter um eine zweite Portion der grünen Delikatesse bat, wies sie mich scharf zurecht:

»Da, bitte sehr! Aber du mußt es bis zum letzten Löffel aufessen. Oder du bekommst von Mami auf einen Du-weißt-schon-wohin du-weißt-schonwas!«

»Natürlich esse ich ihn bis zum letzten Löffel auf«, antwortete ich. »Er schmeckt mir ja.«

»Nur schlimme Kinder essen keinen Spinat«, meine Mutter sprach unbeirrt weiter. »Spinat ist sehr gut für dich. Und sehr gesund. Laß dir ja nicht einfallen, zum Spinat ›pfui‹ zu sagen.«

»Aber Mami, ich eß ihn doch so gern.«

»Du wirst ihn aufessen, ob du ihn gern ißt oder nicht! Brave Kinder müssen Spinat essen. Keine Widerrede!«

»Warum müssen sie?«

»Weil sie sonst in die Ecke gestellt werden, bis Papi nach Hause kommt. Und was dann passiert, kannst du dir denken. Also, iß deinen Spinat schön auf. Na, wird's bald?«

»Ich mag nicht!«

Es war die natürliche Reaktion des kindlichen Gemüts auf einen unverständlichen Zwang. Damit hatte ich meine Mutter genau dort, wo sie mich haben wollte. Und als mein Vater nach Hause kam, fand er sie in Tränen aufgelöst:

»Siehst du?« schluchzte sie. »Hab' ich dir nicht immer gesagt, du verwöhnst ihn zu sehr?«

Mein Vater versetzte mir daraufhin ein paar Ohrfeigen, und wir hatten endlich ein normales Familienleben: Ich haßte Spinat wie alle anderen Kinder, und meine Eltern waren beruhigt.

Da der Spinat für mich von nun an »pfui« blieb, wurde nach einiger Zeit ein Familienrat einberufen, um Erziehungsmaßnahmen zu beschließen. Man diskutierte die einschüchternde Wirkung der »bösen Hexe«, des »schwarzen Mannes« und entschied sich schließlich für den »Lumpensammler«, einfach, weil es den wirklich gab: »Du hast deinen Spinat schon wieder nicht aufgegessen? Warte nur, der Lumpensammler wird dich holen!«

»Wohin?«

»In seine finstere Hütte. Und dort sperrt er dich in seinen finsteren Kleiderschrank. Warte nur!«

Ich wartete nicht, sondern zog es unter den gegebenen Umständen vor, meinen Spinat zu essen.

Einige Tage später – die tägliche Spinatschlacht war gerade im Gange – ertönte von der Straße her der schneidende Ruf:

»Lumpen! Alte Kleider!«

Mir fiel der Löffel aus der Hand, und wie der Blitz war ich unter dem Tisch, mitsamt meinem Spinatteller, den ich bebend vor Angst bis zur letzten grünen Faser leerte.

Meine Eltern gaben dem Lumpensammler einen Berg von alten Kleidern und baten ihn, dafür täglich um die Mittagszeit durch unsere Straße zu kommen und sehr laut zu rufen.

In diesem Sommer nahm ich zwei Kilo zu. Meine Eltern strahlten.

Eines Tages, als der Lumpensammler schon vor dem Mittagessen vorbeikam, nutzte ich die einmalige Gelegenheit und ließ aus einem Fenster im zweiten Stock ein Bügeleisen auf seinen Kopf fallen. Der alte Mann brach zusammen. Das einhellige Mitleid der übrigen Hausbewohner galt aber nicht ihm, sondern meinen armen Eltern, die sich den Wutausbruch ihres mißratenen Sohnes um so weniger erklären konnten, als er doch immer so brav seinen Spinat aufaß.

Den Lumpensammler gibt es nicht mehr. Sein Schreckensruf ist längst verstummt. Der Held meiner Kinder war Popey, der Fernsehstar, der immer Spinat ißt, wenn er auf dem Bildschirm seinen überdimensionalen Gegner erledigen will. Bei seinem Anblick quietschen meine Kinder vor Vergnügen. Die Zeiten haben sich geändert. Kinder aufzuziehen ist kein Spaß mehr.

Kakao als Generationskonflikt

Mein mittlerer Sohn, dieser Glückspilz, hat auch meine sonderbarsten Eigenschaften geerbt. Amir, unser rothaariger Tyrann, aß ebenso ungern wie sein Vater, als er noch Kind war. Wenn er überhaupt kaute, dann nur an seinem Schnuller.

Erfahrene Mütter hatten uns geraten, ihn hungern zu lassen, das heißt: ihm so lange nichts zu essen zu geben, bis er reumütig auf allen vieren zu uns gekrochen käme. Wir gaben ihm also einige

Tage lang nichts zu essen, und davon wurde er tatsächlich so schwach, daß wir auf allen vieren zu ihm krochen, um ihm etwas Nahrung aufzudrängen.

Schließlich brachten wir ihn zu einem führenden Spezialisten, einer Kapazität auf dem Gebiet der Kleinkind-Ernährung. Der weltberühmte Professor warf einen flüchtigen Blick auf Amir und fragte, noch ehe wir etwas sagen konnten:

»Ißt er nicht?«

»Nein.«

»Dabei wird's auch bleiben.«

Nach kurzer Untersuchung bestätigte der Fachmann, daß unser Sohn ein hoffnungsloser Fall sei. Amirs Magen besaß die Aufnahmefähigkeit eines Vögleins. Die finanzielle Aufnahmefähigkeit des Professors war ungleich größer. Wir befriedigten sie.

Von da an versuchten wir mehrmals am Tag, Amir mit Gewalt zu füttern, ganz im Sinne des Bibelworts, das da lautet: »Im Schweiße deines Angesichts sollst du dein Brot essen.« Ich muß allerdings gestehen, daß weder ich, noch die beste Ehefrau von allen, dafür die erforderliche Geduld aufbrachten.

Zum Glück hatte sich mein Schwiegervater der Sache angenommen und seinen ganzen Ehrgeiz entwickelt, Amir zur Nahrungsaufnahme zu bewegen. Er erzählte ihm phantastische Geschichten, über die Amir vor Staunen den Mund aufriß – und dabei vergaß er, daß er nicht essen wollte. Ein genialer Einfall, aber leider keine Dauerlösung.

Eines der Hauptprobleme hörte auf den Namen »Kakao«. Dieses nahrhafte, von Vitaminen und Kohlehydraten strotzende Getränk schien uns für Amirs physische Entwicklung unentbehrlich. Deshalb schloß Großpapa sich abends mit Amir ins Kinderzimmer ein, und als er nach einigen Stunden erschöpft und zitternd herauskam, konnte er stolz verkünden:

»Heute hat er's schon fast auf einen halben Becher gebracht.«

Die große Wende kam im Sommer. Eines heißen Abends, als Großpapa das Kinderzimmer verließ, zitterte er zwar wie gewohnt, aber diesmal vor Aufregung:

»Denkt euch nur, er hat den ganzen Becher ausgetrunken!«

»Nicht möglich«, riefen wir beide. »Wie hast du das fertiggebracht?«

»Ich hab' ihm gesagt, daß wir Pappi hereinlegen werden.«

»Wie das? Bitte drück dich etwas deutlicher aus.«

»Ich hab' ihm gesagt: wenn er brav austrinkt, füllen wir nachher den Becher mit lauwarmem Wasser und erzählen dir, daß Amir schon wieder alles stehengelassen hat. Daraufhin wirst du wütend und machst dich selbst über den vollen Becher her. Und dann freuen wir uns darüber, daß wir dich hereingelegt haben.«

Ich fand diesen Trick ein wenig primitiv. Auch halte ich es nicht für pädagogisch ideal, wenn ein Vater, der ja schließlich eine Respektsperson sein soll, sich von seinem eigenen Kind zum Narren machen läßt. Erst durch mütterliche Überredungskunst, »Hauptsache, der Kleine trinkt seinen Kakao«, ging ich auf das Spiel ein. Großpapa ging ins Badezimmer, füllte den Becher mit lauwarmem Wasser und zeigte ihn mir:

»Amir hat schon wieder keinen Tropfen getrunken!«

»Das ist ja unerhört«, schrie ich in brillant gespielter Empörung. »Was glaubt der Kerl? Er will diesen herrlichen Kakao nicht trinken? Gut, dann trink' ich ihn eben selbst.«

Amirs Augen hingen mit erwartungsvollem Glitzern an meinem Mund, als ich den Becher ansetzte. Ich enttäuschte ihn nicht:

»Pfui Teufel!« rief ich nach dem ersten Schluck. »Was ist das für ein abscheuliches Gesöff? Brrr!«

»Reingefallen, reingefallen!« jauchzte Amir, sprang in die Luft und konnte sich vor Freude nicht fassen. Es war ein wenig peinlich, aber, um seine Mutter zu zitieren: »Hauptsache, das Kind trinkt seinen Kakao.«

Am nächsten Tag war's die gleiche Geschichte: Opa brachte mir einen Becher lauwarmes Wasser, Amir hat nichts getrunken, was glaubt der Kerl, herrlicher Kakao, pfui Teufel, brrr, reingefallen, reingefallen. Und von da an wiederholte sich die Prozedur Tag für Tag.

Nach einiger Zeit funktionierte sie sogar ohne Großpapa. Amirs Entwicklung machte eben Fortschritte. Nun kam er schon selbst mit dem Wasserbecher, unerhört, herrlicher Kakao, pfui Teufel, reingefallen, Luftsprung...

Mit der Zeit begann ich mir Sorgen zu machen:

»Liebling«, fragte ich meine Frau, »ist unser Kind vielleicht dumm?«

Es war mir nämlich nicht ganz klar, was sich in seinem Kopf abspielte. Vergaß er jeden Abend, was am Abend zuvor geschehen war? Hielt er mich für schwachsinnig, daß ich seit Monaten auf denselben Trick hereinfiel?

Die beste Ehefrau von allen fand wie immer die richtigen Trostworte: was der Kleine denkt, ist unwichtig, wichtig ist, was er trinkt.

Es mochte ungefähr Mitte Oktober gewesen sein, als ich – vielleicht aus purer Zerstreutheit, vielleicht aus unterschwelligem Protest – die üble Flüssigkeit ohne jedes »unerhört« und »brrr« direkt in die Toilette schüttete.

Das sehen und in Tränen ausbrechen war für Amir eins:

»Pfui, Pappi«, schluchzte er. »Du hast ja nicht einmal gekostet.«

Jetzt war es mit meiner Selbstbeherrschung vorbei:

»Ich brauche nicht zu kosten«, herrschte ich

meinen Nachkommen an. »Jeder Trottel kann sehen, daß es nur Wasser ist.«

Ein durchdringender Blick Amirs traf mich:

»Lügner«, sagte er leise. »Warum hast du dann bisher immer gekostet?«

Das war die Entlarvung. Amir wußte, daß wir Abend für Abend ein idiotisches Spiel veranstaltet hatten. Wahrscheinlich hatte er's von Anfang an gewußt.

Unter diesen Umständen war es unnötig, die lächerliche Prozedur fortzusetzen.

»Doch«, widersprach die beste Ehefrau von allen. »Es macht ihm Spaß. Hauptsache, das Kind...«

Im November führte Amir eine kleine Textänderung ein. Wenn ich ihn bei Überreichung des Bechers fragte, warum er seinen Kakao nicht getrunken hätte, antwortete er:

»Ich habe nicht getrunken, weil das kein Kakao ist, sondern Leitungswasser.«

Eine weitere Schwierigkeit trat im Dezember auf, als Amir sich angewöhnte, die Flüssigkeit, vor meiner Kostprobe mit dem Finger umzurühren. Die Zeremonie wurde mir immer mehr zuwider. Schon am Nachmittag wurde mir übel, wenn ich mir vorstellte, wie das kleine, rothaarige Ungeheuer am Abend mit dem Leitungswasser angerückt kommen würde. Alle anderen Kinder trinken Kakao, weil Kinder eben Kakao trinken. Nur mein eigenes Kind ist mißraten...

Gegen Ende des Jahres geschah etwas Rätselhaftes. Ich weiß nicht, was da in mich gefahren war: An jenem Abend nahm ich aus meines Sohnes Hand den Becher entgegen, und statt das eklige Zeug in weitem Bogen auszuspucken, trank ich ihn aus. Ich erstickte beinahe, aber ich trank.

Amir stand entgeistert daneben. Als die Schrecksekunden vorüber waren, schaltete er höchste Lautstärke ein:

»Wieso?« schrillte er. »Warum trinkst du das?«

»Was heißt da Warum und Wieso?« gab ich zurück. »Hast du mir nicht gesagt, daß du heute keinen Tropfen Kakao getrunken hast? Und hab' ich dir nicht gesagt, daß ich den Kakao dann selbst trinken werde? Also?«

In Amirs Augen funkelte unverkennbarer Vaterhaß. Er drehte sich um, ging zu Bett und weinte die ganze Nacht. Es wäre wirklich besser gewesen, die Komödie vom Spielplan abzusetzen. Aber davon wollte meine Frau nichts wissen:

»Hauptsache«, erklärte sie, »daß er seinen Kakao trinkt.«

So vollzog sich denn das Kakao-Spiel erbarmungslos Abend für Abend, immer zwischen sieben und halb acht...

Als Amir seinen fünften Geburtstag feierte, gab es eine kleine Zeitverschiebung. Er hatte ein paar Freunde einladen dürfen, mit denen er sich mitsamt dem berüchtigten Becher ins Kinderzimmer zurückzog. Gegen acht Uhr wurde ich ungeduldig und wollte ihn zur Abwicklung unseres Rituals herausrufen. Als ich an der Türe war, hörte ich ihn sagen:

»Jetzt muß ich ins Badezimmer gehen und lauwarmes Wasser holen.«

»Warum?« fragte sein Freund Gilli.

»Mein Pappi will es so haben.«

»Warum?«

»Weiß nicht. Jeden Abend dasselbe.«

Der gute Junge – in diesem Augenblick wurde es mir klar – hatte die ganze Zeit geglaubt, daß *ich* es sei, der das Kakao-Spiel brauchte. Und er hat nur meinetwegen mitgespielt.

Am nächsten Tag zog ich Amir an meine Brust und ins Vertrauen:

»Sohn«, sagte ich, »es ist Zeit, mit diesem Unsinn aufzuhören. Schluß mit dem Kakao-Spiel. Wir wissen beide, woran wir sind. Komm, laß uns etwas anderes erfinden.«

Das Schrei- und Heulsolo, das er daraufhin anstimmte, war im ganzen Wohnviertel zu hören. Und was ich erst von meiner Frau zu hören bekam...

Die Ensuite-Vorstellung ging weiter. Es gab keine Rettung. Manchmal rief Amir, wenn die Stunde kam, aus dem Badezimmer: »Pappi, kann ich dir schon das Leitungswasser bringen?« und ich begann daraufhin sofort, meinen Teil des Dialogs herunterzuleiern, unerhört, herrlicher Kakao, pfui Teufel, brrr... Es war zum Verzweifeln. Als Amir eines Abends ein wenig Fieber hatte und im Bett bleiben mußte, ging ich selbst ins Badezimmer, füllte den Becher und trank ihn aus.

»Reingefallen, reingefallen«, rief Amir durch die offene Tür.

Schließlich hatte er sogar meinen Text übernommen. Wenn er mit dem gefüllten Becher aus dem Badezimmer herauskam, murmelte er vor sich hin:

»Amir hat schon wieder keinen Tropfen getrunken, das ist ja unerhört, was glaubt der Kerl...« und so weiter bis brrr.

Ich kam mir immer überflüssiger vor.

Die Hauptsache aber war, daß das Kind...

Ein Magen hat Heimweh

Heute ist medizinisch einwandfrei bewiesen, daß jeder menschliche Magen ein Eigenleben führt: Er läßt sich nichts befehlen und geht störrisch seinen Weg. Daraus ergeben sich zahlreiche Komplikationen. Aber gehen wir chronologisch vor.

Wenn ein Neueinwanderer an Land gegangen war, küßte er den Boden, auf dem seine Vorväter gewandelt waren, zerschmetterte die Fensterscheiben einiger Regierungsämter, siedelte sich in der Sandwüste an und wurde ein vollberechtigter Bürger. Aber sein konservativer, von Vorurteilen belasteter Magen blieb ungarisch, oder holländisch, oder türkisch, oder wo er eben herkam.

Nehmen wir ein naheliegendes Beispiel: mich. Mit den Jahren wurde ich ein so alteingesessener Israeli, daß mein Hebräisch manchmal schon einen leichten polnischen Akzent annahm. Und trotzdem stöhnte ich unbeherrscht auf, wenn mir einfiel, daß ich seit Jahr und Tag keine Gänseleber mehr gegessen hatte. Ich meine: echte Gänseleber, von einer echten Gans.

Anfangs versuchte ich diese kosmopolitische Regung zu unterdrücken. Eindringlich redete ich meinem Magen zu:

»Höre, Magen, Gänseleber ist pfui. Wir brauchen keine Gänseleber. Wir werden schöne, reife, schwarze Oliven essen mein Junge, und werden, nicht wahr, stark und gesund werden wie ein Dorfstier zur Erntezeit.«

Aber mein Magen wollte nicht hören. Er verlangte nach der dekadenten, überfeinerten Kost, mit der er aufgewachsen war. Überhaupt hat mir der ungarische Chauvinismus meines Magens schon viel Ärger eingebracht. In den Vereinigten Staaten wäre ich seinetwegen beinahe gelyncht worden.

Es war in einer »Cafeteria«, einer jener gigantischen Selbstbedienungsbuden, in denen man auf

34

ein Tablett alle möglichen Dinge teils auflädt, teils aufgeladen bekommt. Mein Tablett war bereits ziemlich voll, als ich zur Getränkeausgabe kam.

»Bitte ein Glas kalten Tee ohne Eis«, sagte ich der schwarzen Hostess.

»Gern«, antwortete sie und warf ein halbes Dutzend Eiswürfel in meinen Tee.

»Verzeihen Sie, ich sagte: ohne Eis.«

»Sie wollten doch ein Glas Eistee haben, nicht?«

»Ich wollte ein Glas kalten Tee haben.«

Das Mädchen blinkte ratlos mit den Augen, wie ein Leuchtturm im Nebel, und warf noch ein paar Eiswürfel in meinen Tee.

»Da haben Sie. Der Nächste.«

»Nicht so, meine Tochter. Ich wollte den Tee *ohne* Eis.«

»Ohne Eis können Sie ihn nicht haben. Der Nächste!«

»Warum kann ich ihn nicht ohne Eis haben?«

»Das Eis ist gratis. Der Nächste!«

»Aber mein Magen verträgt kein Eis, auch wenn es gratis ist. Können Sie mir nicht ein ganz gewöhnliches Glas kalten Tee geben, gleich nachdem Sie ihn hineingeschüttet haben, und bevor Sie die Eiswürfel hineinwerfen?«

»Wie? Was? Ich verstehe nicht.«

Aus der Schlange, die inzwischen hinter mir entstanden war, hörte man das erste Murren, und was diese ausländischen Idioten sich eigentlich dächten. Da stieg orientalischer Stolz in mir hoch.

»Ich möchte einen kalten Tee ohne Eiswürfel«,

sagte ich. Die Kellnerin befürchtete offenbar, daß ich gemeingefährlich werden könnte. Sie rief den Manager, einen vierschrötigen Gesellen, der drohend an seiner Zigarre kaute.

»Dieser Mensch hier will einen Eistee ohne Eis«, verriet sie ihm. »Ich fürchte mich vor ihm.«

»Herr«, erklärte mir der Manager herablassend, »bei uns trinken monatlich 1 900 000 Gäste ihren Eistee, und noch nie hat sich einer beschwert.«

»Das kann schon sein«, entgegnete ich im gleichen Ton. »Aber ich vertrage nun einmal keine kalten Getränke, und deshalb möchte ich meinen Tee ohne Eis.«

»Alle Gäste nehmen ihn mit Eis.«

»Ich nicht.«

Der Manager maß mich von oben bis unten.

»Wie meinen Sie das: Sie nicht? Was gut genug für hundertsechzig Millionen Amerikaner ist, wird auch für Sie gut genug sein, oder?«

»Von Eis bekomme ich Magenkrämpfe.«

»Hör zu, mein Junge.« Die Stirn des Managers legte sich in erschreckend tiefe, erschreckend finstere Falten. »Diese Cafeteria besteht seit dreiundvierzig Jahren und hat noch jeden Gast zufriedengestellt.«

»Ich will meinen Tee ohne Eis.«

Zu diesem Zeitpunkt hatten mich die anderen Wartenden bereits eingekreist und begannen mit ihrer Vorbereitung zur Lynchjustiz. Der Manager sah den Augenblick gekommen, die Geduld zu verlieren.

»In Amerika wird Eistee mit Eis getrunken!« brüllte er. »Verstanden?«

»Ich wollte ja nur...«

»Ihre Sorte kennt man. Ihnen kann's niemand recht machen, was? Wo kommen Sie denn überhaupt her, Sie?«

»Ich? Aus Syrien.«

»Hab' ich mir gleich gedacht«, sagte der Manager. Er sagte noch mehr, aber das konnte ich nicht mehr hören. Ich rannte um mein Leben, von einer zornigen Menschenmenge verfolgt.

Und das war nur der Anfang. Wo immer ich künftig hinkam, kehrte sich die öffentliche Meinung Amerikas langsam aber sicher gegen unsere arabischen Nachbarn. Irgendwie muß man denen doch beikommen...

Zurück zur Gänseleber, die ich in Israel schon jahrelang nicht gegessen habe. Zurück zu meinem unheilbar ungarischen Magen, den ich als Neueinwanderer eine Zeitlang durch dekadente europäische Kost stillhalten wollte. Leider dauerte das nicht lange. Ich übersiedelte in eine Gegend, in der es nur ein einziges kleines Gasthaus gab. Es gehörte einem gewissen Naftali, einem Neueinwanderer aus dem Irak.

Als ich das erste Mal zu Naftali kam, erlitt mein Magen allein vom Anblick schmerzliche Zuckun-

gen. Naftali stand hinter seiner Theke und beobachtete mich mit einem Lächeln, um dessen Rät-
selhaftigkeit ihn jede Sphinx beneidet hätte. Auf
der Theke standen zahlreiche undefinierbare Roh-
materialien in Technicolor und auf einem Regal
im Hintergrund sprungbereite Gefäße mit allerlei
lustigen Gewürzen. Kein Zweifel, ich war in eine
original-arabische Giftküche geraten. Aber noch
bevor ich mich davonmachen konnte, signalisierte
mir mein Magen quälenden Hunger.

»Was gibt's denn heute?« fragte ich leichthin.

Naftali betrachtete einen Punkt ungefähr fünf
Zentimeter neben meinem Kopf und antwortete
bereitwillig:

»Chumus, Mechsi mit Burgul, oder Wus-Wus.«

Eine schwere Wahl. Chumus erinnerte mich
von fernher an ein lateinisches Sprichwort, aber
Wus-Wus war mir vollkommen neu.

»Bringen Sie mir ein Wus-Wus.«

Die phantastische Kombination von Eierkuchen, Reis und Fleischbrocken in Pfefferminz-
sauce, die Naftali mir auftischte, schmeckte
scheußlich, aber ich wollte ihm keinerlei Gelegenheit zu seinem rätselhaften Lächeln geben. Mehr
noch: Ich wollte ihn beeindrucken.

»Haben Sie noch etwas anderes?« erkundigte
ich mich ganz nebenbei.

»Jawohl«, grinste Naftali. »Möchten Sie Khebab
mit Bacharat, Schaschlik mit Elfa, eine Schnitte
Sechon, oder vielleicht etwas Smir-Smir?«

»Ein wenig von allem.«

Zu dieser Entscheidung war ich schon deshalb gezwungen, weil ich die exotischen Namen nicht behalten konnte. Ich erwartete, daß Naftali mir jetzt eine scharfgewürzte Pastete, ein klebriges Kompott und irgendeinen säuerlichen Mehlpapp servieren würde. Nichts dergleichen. Er stellte sich an eine Art Laboratoriumstisch und mischte ein paar rohe Hammelinnereien mit gedörrtem Fisch, bestreute das Ganze mit Unsummen von Pfeffer und schüttete rein gefühlsmäßig noch etwas Öl, Harz und Schwefelsäure darüber.

Knappe zwei Wochen später wurde ich aus dem Krankenhaus entlassen und konnte meine Arbeit wieder aufnehmen. Abgesehen von gelegentlichen Schwindelanfällen fühlte ich mich ganz wohl und begann, jene schauerliche Mahlzeit langsam zu vergessen. Aber was tat das Schicksal? Es spielte mir einen Streich.

Eines Tages, als ich auf dem Heimweg an Naftalis Schlangengrube vorbeikam, sah ich ihn grinsend an der Tür stehen. Meine Ehre verbot mir, vor diesem Grinsen Reißaus zu nehmen. Ich trat ein, fixierte Naftali selbstbewußt und sagte:

»Ich hätte Lust auf etwas stark Gewürztes, mein Freund!«

»Sofort!« dienerte Naftali. »Sie können eine

erstklassige Kibah mit Kamon haben, oder ein Hashi-Hashi.«

Ich bestellte eine kombinierte Doppelportion, die sich als Zusammenfassung aller von den Archäologen zutage geförderten Ingredienzen der altpersischen Küche herausstellte, mit etwas pulverisiertem Gips als Draufgabe. Nachdem ich den wertvollen Fund hinuntergewürgt hatte, verlangte ich ein Dessert.

»Suarsi mit Mish-Mish oder Baklawa mit Sum-Sum?«

Ich aß beides. Zwei Tage danach war mein Organismus völlig fühllos geworden, und ich torkelte wie ein Schlafwandler durch die Gegend. Nur so läßt es sich erklären, daß ich das nächste Mal, als ich den grinsenden Naftali sah, abermals seine Kaschemme betrat.

»Und was darf's heute sein, mein Freund?« fragte er lauernd, die Mundwinkel verächtlich herabgezogen.

Da durchzuckte mich der göttliche Funke und ließ zugleich mit meinem Stolz auch mein Improvisationstalent aufflammen. Im nächsten Augenblick hatte ich zwei völlig neue persische Nationalgerichte erfunden:

»Eine Portion Kimsu«, bestellte ich, »und vielleicht ein Sbagi mit Kub-Kubon.«

Und was geschah? Was, frage ich, geschah?

Es geschah, daß Naftali mit einem höflichen »Sofort.« im Hintergrund der finsteren Spelunke verschwand und nach kurzer Zeit eine artig von

Rüben umrandete Hammelkeule vor mich hinstellte.

Aber so leicht sollte er mich nicht unterkriegen:

»He! Wo ist mein Kub-Kubon?«

Nie werde ich die Eilfertigkeit vergessen, mit der Naftali eine Büchse Kub-Kubon hinter der Theke hervorgezaubert hat.

»Schön«, sagte ich. »Und jetzt möchte ich noch ein Glas Vago-Giora. Aber kalt, wenn ich bitten darf.«

Auch damit kam er in Kürze herbeigeeilt. Und während ich behaglich mein Vago-Giora schlürfte, wurde mir klar, daß all diese exotischen Originalgerichte, all diese Burgul und Bacharat und Wus-Wus und Mechsi und Pechsi nichts anderes waren als ein schäbiger Betrug, um uns dumme europäische Einwanderer lächerlich zu machen. Das steckte hinter dem geheimnisvollen Grinsen der Sphinx.

Um Mißverständnissen vorzubeugen: Vago Giora ist der Name eines mir persönlich bekannten Bankdirektors, der mir zu sehr günstigen Bedingungen ein Darlehen verschafft hat. Deshalb wollte ich seinen Namen auf irgendeine Weise verewigen.

Seit diesem Tag fürchte ich mich nicht mehr vor der orientalischen Küche. Eher fürchtet sie sich vor mir. Naftali mußte sogar noch mit schamrotem Gesicht ein Mao-Mao zurücknehmen, mit dem ich nicht zufrieden war.

»Das soll ein Mao-Mao sein?« fragte ich ihn

höhnisch. »Seit wann serviert man Mao-Mao ohne Kafka?«

Und ich weigerte mich, mein Mao-Mao zu konsumieren, solange kein Kafka auf dem Tisch stand.

Denn, wie immer man literarisch zu Franz Kafka stehen mag, gastronomisch ist er über jede Kritik erhaben. Besonders mit Currysauce.

GIB DEM AFFEN ZUCKER

Eine zu große Auswahl an Lebensmitteln bereitet Kopfschmerzen, aber manchmal auch ein leerer Magen. Und solche Mägen gibt es leider auch heutzutage in funkelnagelneuen Ländern, besonders, wenn sie im Kriegszustand sind.

Ich erinnere mich an Zeiten, in denen ich in ähnlicher Lage war, in Budapest, das die Rote Armee eben befreit hatte.

Damals verspürte ich einen bitteren Geschmack im Mund, für den ich keine Erklärung finden konnte. Ich suchte einen befreundeten Psychiater auf, der mich über meine Kindheitserlebnisse, meine Träume und die Erfahrungen meines Ehelebens ausfragte. Er diagnostizierte, daß der bittere Nachgeschmack in meinem Mund von einem falsch sublimierten Trauma stamme, das auf den Zuckermangel in meinem Frühstückskaffee zurückgehe.

So kam heraus, daß meine Frau mich schon seit Wochen einer zuckerlosen Diät unterzog.

»Was soll das?« fragte ich sie daraufhin. »Ich will Zucker haben.«

»Schrei nicht«, erwiderte sie. »Es gibt keinen Zucker. Es gibt ihn nirgends.«

»Wo sind unsere Zuckerreserven?«

»Die habe ich weggesperrt. Für den Fall, daß es einmal keinen Zucker mehr gibt.«

»Jetzt sind wir soweit. Es gibt keinen Zucker mehr.«

»Eben. Und du möchtest natürlich gerade jetzt, wo es keinen Zucker gibt, im Zucker wühlen. Der Krieg kann weitergehen, und wie stehen wir dann da? Ohne Zuckervorräte?«

»Mach dich nicht lächerlich«, sagte ich. »Ich gehe jetzt hinunter und kaufe jede Menge Zucker, die ich haben will.«

Damit ging ich in das Lebensmittelgeschäft an der Ecke, zwinkerte dem Besitzer, der ein begeisterter Leser meiner Kurzgeschichten ist, vertraulich zu und flüsterte ihm ins Ohr, daß ich ganz gerne etwas Zucker hätte.

»Lieber Herr Kishon«, erwiderte er freundlich, »ich würde niemandem so gern helfen wie Ihnen, aber es gibt keinen Zucker.«

»Ich zahle natürlich gerne etwas mehr«, sagte ich.

»Lieber Herr Kishon, ich kann Ihnen leider keinen Zucker geben. Nicht einmal, wenn Sie mir ein Vermögen dafür zahlten.«

»Das ist sehr traurig«, sagte ich. »Was soll ich jetzt machen?«

»Wissen Sie, was?« sagte er. »Zahlen Sie mir mehr.«

Da schoß ein Herr in einer Pelzmütze, den ich bisher nicht bemerkt hatte, aus einer Ecke hervor und schrie aufgeregt:

»Zahlen Sie keine solchen Irrsinnspreise! Das ist der Beginn der Inflation! Unterstützen Sie den Schwarzhandel nicht durch Panikkäufe! Erfüllen Sie Ihre patriotische Pflicht!«

Ich nickte betreten und ging mit leeren Händen, aber mit patriotischem Gefühl aus dem Laden. Der Mann mit der Pelzmütze folgte mir. Eine Stunde lang gingen wir zusammen auf und ab und sprachen über unsere Not. Pelzmütze erklärte mir, daß die Amerikaner, diese eiskalten Schurken, jetzt die uns gebührenden Zuckerlieferungen zurückhielten, in der Hoffnung, auf diese barbarische Weise unsere marxistische Moral zu brechen. Aber das sollte ihnen nicht gelingen. Niemals.

Zu Hause berichtete ich meiner Gattin im Brustton nationalen Stolzes, daß und warum ich mich dem Tanz ums Goldene Kalb nicht angeschlossen hätte. Sie reagierte mit ihrer üblichen Phantasielosigkeit. Alles sei recht schön und gut, meinte sie, aber der Mann mit der Pelzmütze sei ein bekannter Diabetiker, und jedermann in der Nachbarschaft wisse, daß ein einziger Würfel Zucker ihn auf der Stelle umbrächte. Unten im Haus nebenan hingegen, habe man heute nacht einen Lastwagen gesehen, und die Hausbewohner hätten mehrere Säcke Zucker abgeladen, um sie dann auf Zehenspitzen in ein sicheres Versteck zu bringen.

Um die Dramatik der Situation zu betonen, servierte mir meine Frau einen Tee mit Zitrone statt mit Zucker. Das abscheuliche Gesöff beleidigte meinen sensiblen Geschmackssinn. Ich stürmte in das Lebensmittelgeschäft hinunter und verkündete dem Besitzer, ich sei bereit, eine schöne Summe für ein Kilogramm Zucker zu zahlen. Der Lump entgegnete mir dreist, der Zucker koste bereits eine noch schönere Summe.

»Gut, ich nehme ihn«, sagte ich.

»Kommen Sie morgen«, sagte er. »Dann werden Sie für den Zucker noch mehr zahlen müssen, aber es wird ohnedies keiner mehr da sein.«

Als ich wieder auf der Straße stand und leise vor mich hinfluchte, erregte ich das Mitleid einer älteren Dame, die mir eine wertvolle Information gab:

»Fahren Sie rasch in die Elisabethgasse. Dort finden Sie einen Lebensmittelhändler, der noch nicht weiß, daß es keinen Zucker gibt, und ihn ganz normal verkauft...«

Ich sprang auf mein Fahrrad und sauste ab. Als ich in die Gasse kam, mußte irgend jemand dem Lebensmittelhändler bereits verraten haben, daß es keinen Zucker mehr gab, und es gab keinen Zucker mehr.

Zu Hause erwartete mich eine neue Überraschung. Meine Frau hatte einen dieser gläsernen, birnenförmigen Zuckerstreuer ergattert, die man bisweilen in den Kaffeehäusern sah und die sich dadurch auszeichneten, daß, wenn man sie umdrehte und schüttelte, aus einer dicken Öffnung nichts herauskam. Damals trieb mich die Gier mitten in der Nacht aus meinem Bett und ich durchsuchte alle Küchenschränke und Regale nach dem Zuckerstreuer.

Meine Frau stand plötzlich mit verschränkten Armen in der Tür und sagte hilfreich:

»Du wirst ihn niemals finden.«

Am nächsten Tag wollte das Schicksal, daß ich einen Sack mit einem halben Kilogramm Gips nach Hause brachte, um einige Sprünge in unseren Wänden auszubessern. Kaum hatte ich den Sack abgestellt, als er auch schon verschwunden war und die geheimnisvolle Stimme meiner Gattin mich wissen ließ, daß er sich in sicherem Gewahrsam befände. Darüber war ich von Herzen froh, denn Gips gehörte zu den unentbehrlichen Utensilien eines neuen Haushalts. Meine Freude wuchs, als ich in meinem nächsten Kaffee nach langer Zeit wieder Zucker fand.

»Siehst du«, sagte meine Frau. »Jetzt, wo du Zuckervorräte gebracht hast, können wir uns das leisten.«

Das ließ ich mir nicht zweimal sagen. Am nächsten Tag brachte ich vier Kilo einer erstklassigen Alabastermischung angeschleppt. Tückische,

46

grünliche Flämmchen sprühten in den Pupillen der besten Ehefrau von allen, als sie mich umarmte und mich fragte, wo ich diesen Schatz aufgetrieben hätte.

»In einem Geschäft für Maurer- und Lackiererbehelfe«, antwortete ich wahrheitsgemäß.

Meine Frau kostete das weiße Pulver.

»Pfui Teufel!« rief sie. »Was ist das?«

»Gips.«

»Mach keine Witze. Wer kann Gips essen?«

»Niemand braucht das Zeug zu essen«, erläuterte ich. »Wenn man es zu essen versucht, ist es Gips. Aber wenn man es nur zum Einlagern verwendet, ist es so gut wie Zucker. Gib's in die Vorratskammer, deck's zu und bring unsere Zukkerreserven auf den Tisch.«

»Was soll ich damit in der Vorratskammer? Wozu soll das gut sein?«

»Verstehst du denn noch immer nicht? Es ist doch ein wunderbares Gefühl, zu wissen, daß man einen Vorrat von vier Kilo Zucker beiseite geschafft hat. Komme was da wolle, uns kann nichts passieren. Wir haben unsere Reserven.«

»Du hast recht«, sagte meine Frau, eigentlich ein recht vernünftiges Wesen. »Aber eines merk dir schon jetzt: diese eiserne Ration rühren wir nur an, wenn es wirklich katastrophal wird.«

»Bravo«, rief ich. »Das ist der wahre Pioniergeist.«

»Allerdings ...«, meine Frau hielt inne, »dann würden wir doch merken, daß es Gips ist?«

»Na, wenn schon. In einer wirklich katastrophalen Lage spielt es keine Rolle mehr, ob man vier Kilo Zucker hat oder nicht.«

Das saß.

Von diesem Tag an lebten wir wie König Saud in Monte Carlo. In unseren Kaffeetassen blieb ein fingerdicker Belag von Zucker zurück. Meine Frau bat mich, noch ein paar Kilo nach Hause zu bringen, damit wir völlig sicher wären. Ich brachte noch ein paar Kilo nach Hause. Solange der Gipspreis auf dem Schwarzmarkt stieg, war das überhaupt kein Problem.

Ein Mann sieht rot

Der Allmächtige hat seinerzeit persönlich dafür gesorgt, daß sich in der Welt alles ausgleicht. Und so kann auch Überfluß zur Katastrophe führen.

An diesem besonders heißen Sommertag zum Beispiel lag ich flach in der Badewanne und träumte von Eisbären, als die Türglocke meine Polarexpedition beendete. Da die Allerbeste wieder einmal in vollklimatisierten Modesalons einkaufen war, sah ich mich genötigt, meine subtropische Trägheit zu überwinden und selbst zu öffnen.

Vor meiner Tür bot sich mir ein unerwarteter Anblick: ein überdimensionaler Schiffscontainer. Daneben stand ein kleiner, ausgemergelter Mann, der auch schon bessere Tage gesehen hatte, der arme Teufel.

»Guten Tag«, sagte der arme Teufel, »wünschen Sie eine Tomate?«

Davon war nämlich der Container randvoll. Mit wunderschönen, reifen Tomaten. Das heißt, dem Geruch nach waren sie sogar schon ein bißchen überreif.

»Sie sind sicher überrascht, daß ich Ihnen Tomaten anbiete«, reagierte der arme Teufel auf meine gerümpfte Nase, »noch dazu zu einem Zeitpunkt, wo Tomaten tonnenweise auf den Mülldeponien verfaulen. Aber damit beweisen Sie nur, daß Sie unsere Marktpolitik nicht begriffen haben.«

»Das müssen Sie mir näher erklären.«

»Gerne, mein Herr. Sie sind durch die Tatsache irregeführt, daß man in diesem Jahr unbegrenzte Mengen Tomaten kaufen kann, weil die Bauern viel zu viele angebaut haben. Doch jeder, der fähig ist zu denken, muß vor dem nächsten Jahr erschauern.«

»Wieso?«

»Können Sie sich auch nur einen einzigen Bauern vorstellen, der nach dieser katastrophalen Überproduktion in der nächsten Saison Tomaten anpflanzen wird? Ich nicht. Nicht für Geld und nicht für gute Worte wird es im kommenden Jahr

Tomaten geben. Für eine einzige dieser herrlichen Früchte wird Bruder gegen Bruder die Hand erheben. Aber Sie, mein Herr, Sie und Ihre kleine Familie werden in beneidenswertem Glück und persönlicher Zufriedenheit schwelgen, sozusagen in Noahs Vitamin-Arche, denn Sie, mein Herr, Sie haben genügend Vorräte des roten Goldes auf die Seite gelegt. Mensch, kapieren Sie nicht, was Fortuna Ihnen anbietet? Sicherheit. Ein Leben in Überfluß. Das reinste Paradies. Ihre werte Frau Gemahlin wird Ihnen bis zu Ihrem letzten Atemzug dankbar sein. Also, was ist?«

»Nun gut«, besann ich mich noch rechtzeitig, »geben Sie mir ein Kilo, aber von den schönsten.«

»Tut mir leid«, antwortete der arme Teufel, »ich kann Ihnen nur ein halbes Kilo geben. Ich muß auch an meine anderen Kunden denken.«

In diesem schicksalhaften Augenblick ging mein Selbsterhaltungstrieb mit mir durch. Die Zeiten der Nächstenliebe sind vorbei. Sollen doch die anderen sehen, wo sie bleiben. Mir geht meine Familie über alles.

»Ich kaufe den ganzen Container«, stieß ich heiser hervor. »Geld spielt keine Rolle.«

»Macht 2000 Pfund«, sagte der arme Teufel und kippte den ganzen Schiffsinhalt in den Rosengarten vor unserem Haus. Die obersten Tomaten erreichten gerade den ersten Stock. Ich zahlte bar, und der Marktpsychologe fuhr mit dem leeren Container davon. Kurz darauf kam meine Frau nach Hause und ließ sich scheiden.

Psychologie in Brezelform

Die beste Ehefrau von allen hat sich dann doch nicht scheiden lassen, wahrscheinlich wegen der Kinder. Sie hat befürchtet, sie blieben bei ihr. Ich aber kam zu dem Ergebnis, daß man beim Lebensmitteleinkauf größere Vorsicht walten lassen muß. Man kann schließlich von Gemüsehändlern nicht weniger Profitbewußtsein erwarten als von ihren Kollegen in anderen Wirtschaftszweigen, besonders wenn es sich um das gewiefte jüdische Volk handelt.

Bei uns wird der Einkauf sehr subtil angegangen. Da gibt es verschiedene Methoden. Die konservative Methode ist, nicht zu glauben, was der Händler sagt. Die professionelle, das Gegenteil zu glauben. Die extreme Methode, nicht einmal das zu glauben, was man glaubt.

Kurz und gut: Man kann nicht vorsichtig genug sein.

Um das zu erläutern, muß ich dem Leser erklären, was ein »Beigel« ist. Er ist nichts anderes als die jüdische Form der Brezel.

In der folgenden Geschichte spielt dieses Gebäck aber nur äußerlich die Hauptrolle. Innerlich geht es um ein gastropsychologisches Problem, das trotz scheinbarer Einfachheit erschreckende seelische Abgründe enthüllt.

Held der Geschichte ist ein Beigelverkäufer, Nachkomme einer jahrhundertealten Beigelverkäuferdynastie. Eigentlich konnte ich in meiner ersten Zeit in Israel dem Beigel keinerlei Vorliebe entgegenbringen. Zum Teil wegen seines faden Geschmacks, zum Teil wegen seines geringen Knirsch-Koeffizienten beim Kauen. Heute reiße ich mich zwar immer noch nicht darum, aber ich toleriere ihn, und manchmal esse ich sogar einen.

Dies hatte ich vor, als ich an einem schönen Frühlingstag unter den Arkaden unseres Pressehauses einen Beigelverkäufer erblickte. Ich gehe normalerweise gegen Mittag in die Redaktion und bin dann immer knapp am Verhungern, darum freute ich mich über das unerwartete Auftauchen der immerhin nahrhaften Beigel, die in zwei hohen Türmen vor ihm auf einem Klapptisch lagen. Der Verkäufer dahinter schien im übrigen ein reinlicher Mann zu sein, denn über seinem Schoß lag ein blütenweißes Tuch.

Als ich meinen Beigel bezahlt hatte, deutete er auf den linken Haufen:

»Nehmen Sie einen von denen«, sagte er. »Sie sind frisch.«

Spontanes Mißtrauen überfiel mich. Kein Zweifel, er bot mir nicht die frischen Beigel an, sondern die ältlichen, auf denen er nicht sitzenbleiben wollte.

Mit der Lässigkeit des Weltmanns nahm ich einen Beigel aus dem anderen Haufen und beobachtete den Verkäufer aus den Augenwinkeln. Er war blaß geworden und lehnte sich gegen die Mauer.

Mein psychologischer Scharfsinn hatte mich einen frischen, knusprigen Beigel erwischen lassen.

Am nächsten Tag schlich ich mich von hinten an den Stand an, trat überraschend vor ihn, sah den Verkäufer scharf an und merkte, wie er sich um Haltung bemühte. Seine Hand zitterte kaum merklich, als er auf den einen der beiden Stapel wies:

»Die hier sind frisch. Nehmen Sie von diesen.«

Blitzschnell überlegte ich. Der Mann wollte offenbar seine gestrige Blamage gutmachen und zeigte mir diesmal tatsächlich die frischen Beigel. Ich folgte seiner Empfehlung und konnte in seinem Gesicht eine gewisse Erleichterung feststellen. Abermals hatte meine Logik triumphiert. Der Beigel, den ich diesmal erwischt hatte, erwies sich als ein Muster an Frische. In den folgenden Tagen blieb es bei diesem Arrangement. Ich nahm meinen Beigel aus dem vom Verkäufer empfohlenen Haufen und war jedesmal zufrieden. Das leidige Thema schien ein- für allemal erledigt zu sein. Aber mein untrüglicher Instinkt sagte mir, daß das Schicksal eine Wende vorbereite.

Am Dienstag geschah es.

»Nehmen Sie von diesen hier, sie sind frisch«, kam des Beigelmannes üblicher Rat, und ich hatte schon die Hand ausgestreckt, als ich sie wie unter einem geheimnisvollen Zwang zurückzog. Vielleicht war etwas in seiner Stimme, das mich stutzig gemacht hatte, vielleicht war es eine plötzliche Eingebung, ich weiß es nicht und will es auch nicht wissen. Jedenfalls wurde mir blitzartig klar: Mein Gegner nahm an, daß er sich in den letzten Tagen durch vorgetäuschte Ehrlichkeit in mein Vertrauen geschlichen habe, um jetzt endlich sein altes Zeug an mich loszuwerden. Da sollte er sich aber geirrt haben. Ohne zu zögern, holte ich mir den Beigel aus dem anderen Haufen.

Mein dämonischer Instinkt blieb auch diesmal nicht ohne Wirkung. Der Verkäufer verhüllte sein schamrotes Gesicht mit dem blütenweißen Tuch. Ich biß in meinen Beigel. Er war frisch und knusprig.

Als ich am nächsten Tag wieder vor der Qual der Wahl stand, wußte ich im ersten Augenblick nicht, was ich tun sollte. Dann ordneten sich meine Gedanken: Der listenreiche Orientale vermutete, ich würde jetzt bei ihm Schuldgefühle wegen seiner jüngsten Fehlspekulation voraussetzen, und er könnte mir jetzt umso leichter seine ungenießbaren Beigel andrehen. Also griff ich mit demonstrativer, ja provokanter Lässigkeit nach dem nicht empfohlenen Haufen. Schon als ich das Gebäck in die Hand nahm, fühlte ich die knusprige Beigelfrische.

Wilder Haß flammte aus den Augen des Verkäufers. Seine Brust hob und senkte sich vor Erregung, fast sah es so aus, als wolle er sich auf mich stürzen. In diesem Augenblick näherte sich einer meiner Redaktionskollegen und tappte, bevor ich ihn warnen konnte, blindlings in die Beigelfalle. Er folgte dem Tip des Verkäufers.

Kauend machten wir uns auf den Weg.

Nach einigen Schritten konnte ich mich nicht länger beherrschen. Ich brach von seinem Beigel – dem Beigel aus dem falschen Haufen – ein Stückchen ab und steckte es in den Mund.

Das Blut schoß mir in den Kopf, der Boden wankte unter meinen Füßen, von den olympischen Höhen geistiger Überlegenheit stürzte ich in einen Abgrund der Schande.

Auch der Beigel meines Kollegen war frisch und knusprig. Alle Beigel, die der Verkäufer feilbot, waren frisch und knusprig. Sie waren immer frisch und knusprig. Alle.

Das Leben geht weiter. Meine Freunde merken mir nichts an. Aber in dieser Schicksalsstunde ist tief in mir etwas zusammengebrochen.

DIE UNERKLÄRLICHE MAGIE DER WASSERMELONE

Brezel enthalten zumindest relativ wenig tierische Fette. Makkaroni enthalten zwar auch keine, dafür aber eine Unmenge Kohlehydrate. Schokolade enthält noch mehr. Besonders mit

Marzipanfüllung und goldenem Staniolpapier. Es wird behauptet, daß mit sechs Mozartkugeln ein mittelgroßes U-Boot zu betreiben sei.

Es gibt natürlich auch eine ganze Menge von Internisten empfohlene schmackhafte Nahrungsmittel ohne Kalorien, mit einer Unzahl von Vitamin A, B, C, D, E, F, G, H und »lebenswichtigen Bauelementen«. Leider schmecken sie scheußlich. Und machen dick.

Nach dem neuesten Stand der Biochemie ist das einzig wirklich erfolgreiche Mittel abzunehmen, mit dem Essen überhaupt aufzuhören. Es ist zweifellos eine todsichere Methode. Aber man überlebt sie selten. Es ist viel vernünftiger, sich Lebensmittel zu beschaffen, die nichts anderes enthalten als Lebensmittel. Wie zum Beispiel die Wassermelone, die eigentlich nur festes Leitungswasser ist.

Der einzige Nachteil der Wassermelone ist Zuriel, der orientalische Obsthändler, der mit dem einen Auge nach links schielt, mit dem anderen nach rechts und mit dem dritten die Kundschaft treuherzig anblickt.

Eine Begegnung mit ihm bietet die folgende Kurztragödie.

DR. FEINHOLZ: *(kommt auf dem Heimweg am Obstmarkt vorbei und erinnert sich, daß seine Gattin Elsa immer vergißt, Melonen zu kaufen, die das*

einzige Mittel gegen die unerträgliche Sommer-
hitze sind, geht auf einen Berg von Melonen zu,
der in der Mitte des Marktes aufgehäuft ist,
und fragt Zuriel, den Besitzer des Berges) Sind sie
süß?

ZURIEL: *(antwortet nicht)*

DR. FEINHOLZ: Also gut. Geben Sie mir eine.

ZURIEL: *(läßt einen konzentrierten Röntgenblick
über den grünen Berg schweifen, ergreift eine
besonders aufgeschwollene Melone, wirft sie in die
Luft, fängt sie auf, streichelt sie, drückt sie, beklopft sie, hält sie ans Ohr, wirft sie auf den
Haufen zurück, nimmt eine andere… Luft…
auffangen… streicheln… drücken… beklop-
fen… Ohr… weg… eine dritte… die vierte ist in
Ordnung, wiegt sie im finstersten Winkel seines
Obststandes ab, mit dem Rücken zur Kundschaft)*
6 Kilo. 75 Piaster.

DR. FEINHOLZ: Die ist also süß?

ZURIEL: Sehr süß.

DR. FEINHOLZ: Wieso wissen Sie das?

ZURIEL: Erfahrung.

DR. FEINHOLZ: Erfahrung?

ZURIEL: Erfahrung. In den Fingerspitzen. Beim
Betasten. Beim Auffangen aus der Luft. Eine
Melone, die nicht ganz reif ist, macht »plopp«.
Eine Melone, die reif ist, macht »plopp«.

DR. FEINHOLZ: Ich verstehe. *(zahlt, schultert die
fünf Kilo schwere Melone und tritt den Heimweg
an. Die Hitze ist so entsetzlich, daß der Asphalt zu
schmelzen beginnt. Dr. Feinholz begreift plötz-*

lich, warum seine Gattin Elsa immer vergißt,
Melonen zu kaufen. Zu Hause angelangt, ver-
steckt er die Melone im Eisschrank. Nach Schluß
der Mahlzeit zieht er sie als freudige Über-
raschung hervor und schneidet sie auf)

DIE MELONE: *(ist gelb, schmeckt wie gefrorener Ba-*
deschwamm, wurde vermutlich mit Kerosin be-
wässert)

DR. FEINHOLZ: *(spuckt aus, wütend)* Also bitte. Da
hast du unser gelobtes Land in seiner ganzen
Pracht. 75 Piaster hat mich das Zeug gekostet.

ELSA: Trag's zurück.

DR. FEINHOLZ: Jawohl. Alles hat seine Grenzen,
sogar meine Geduld. *(schleppt die Melone in der*
kochenden Hitze auf den Markt zurück und wirft
sie vor Zuriels Füße) Was haben Sie mir da
angehängt?

ZURIEL: *(antwortet nicht)*

DR. FEINHOLZ: Das kann man nicht essen.

ZURIEL: Dann essen Sie's nicht.

DR. FEINHOLZ: Ich habe Sie ausdrücklich gefragt,
ob die Melone süß ist, und Sie haben Ja gesagt.

ZURIEL: Das Plopp beim Auffangen war in Ordnung. Aber wer kann in das Innere einer Melone
sehen?

DR. FEINHOLZ: Das weiß ich nicht. Ich weiß nur,
daß Sie für die Melonen, die Sie verkaufen,
verantwortlich sind.

ZURIEL: Nicht für Melonen, die Sie ohne Garantie
von mir gekauft haben.

DR. FEINHOLZ: Es gibt Melonen mit Garantie?

ZURIEL: Ja.

DR. FEINHOLZ: Und was ist der Unterschied?

ZURIEL: 6 Piaster per Kilo. Melonen ohne Garantie kosten 12 Piaster das Kilo, Melonen mit Garantie 18. Dann bin ich verantwortlich.

DR. FEINHOLZ: *(tritt heftig nach einer Melone, die ihm gerade vor die Füße kollert)*

ZURIEL: *(antwortet nicht)*

DR. FEINHOLZ: Also gut. Geben Sie mir eine Melone mit Garantie. Aber wenn sie wieder ungenießbar ist, können Sie sich auf etwas gefaßt machen.

ZURIEL: *(wirft die Melone in die Luft, fängt sie auf, streichelt sie, drückt sie, beklopft sie, hält sie ans Ohr, wirft sie weg. Zweite ebenso, dritte ebenso, die vierte ist in Ordnung) 7 Kilo 80.*

DR. FEINHOLZ: Meinetwegen.

ZURIEL: *(schneidet eine schmale, dünne Scheibe aus der Melone heraus und zeigt sie Dr. Feinholz)* Rot?

DR. FEINHOLZ: Rot.

ZURIEL: Ohne zu prahlen, das ist wirklich eine ganz besonders rote Melone.

DR. FEINHOLZ: *(zahlt, schleppt die sechs Kilo schwere Melone schwitzend und ächzend nach Hause)* Der alte Gauner hat sie ohne ein Wort des Widerspruchs umgetauscht.

ELSA: Klar.

DR. FEINHOLZ: *(gibt die Melone in den Kühlschrank, wartet eine halbe Stunde, zieht sie hervor, schneidet sie auf)* Eine prachtvolle rote Melone, wirklich.

ELSA: Hast du sie gekostet?

DR. FEINHOLZ: Gekostet habe ich sie nicht. Aber man sieht ja, daß sie gut sein muß.

DIE MELONE: *(schmeckt schal, alt, abgestanden, faul, bitter)*

ELSA: Du wirst die Melone brav zurücktragen, ja?

DR. FEINHOLZ: *(Abschleppdienst, Schweiß, Keuchen, Flüche, Melone vor Zuriels Füße)* Da haben Sie den Dreck.

ZURIEL: *(antwortet nicht)*

DR. FEINHOLZ: Habe ich diese Melone mit Garantie gekauft oder nicht?

ZURIEL: Ja.

DR. FEINHOLZ: Kosten Sie sie.

ZURIEL: Danke. Ich esse Melonen nicht gern. Ich muß dann immer schwitzen.

DR. FEINHOLZ: Das nennen Sie süß? Das soll eine süße Melone sein?

ZURIEL: Ich habe Ihnen keine süße Melone garantiert. Ich habe Ihnen eine rote Melone garantiert.

DR. FEINHOLZ: Ich pfeife auf die Farbe. Von mir aus kann sie marineblau sein.

ZURIEL: Warum haben Sie mir nicht gesagt, daß es Ihnen auf den Geschmack ankommt? Die Garantie für süße Melonen ist 21 Piaster pro Kilo.

DR. FEINHOLZ: *(nach einer kurzen Erholungspause)* Also gut. Geben sie mir eine garantiert süße Melone.

ZURIEL: *(Prozedur von Wurf bis Nummer vier wie zuvor)* 9 Kilo 30.

Dr. Feinholz: Einen Augenblick! Ich möchte sie kosten.

Zuriel: Bitte sehr. *(schneidet ein pyramidenförmig zugespitztes Stück aus der Melone heraus, und zwar dergestalt, daß die Spitze der Pyramide dem geometrischen Mittelpunkt des Meloneninhalts entspringt)*

Dr. Feinholz: *(beißt die Spitze ab)* Sehen Sie, guter Mann, *das* ist eine süße Melone.

Zuriel: *(steckt die Pyramide rasch an ihren Platz zurück)* 2 Pfund 10.

Dr. Feinholz: *(zahlt, schwitzt, taumelt heimwärts)* Ich habe ihn gezwungen, sie umzutauschen. Und jetzt koste einmal.

Elsa: *(kostet, spuckt aus)*

Die Melone: *(vollkommen schal, schmeckt bestenfalls nach Abwaschwasser, besteht fast ausschließlich aus Samenkernen, verwandelt sich in unmittelbarer Nähe des geometrischen Mittelpunktes in feuchte Watte)*

Elsa: Zurücktragen!

Dr. Feinholz: *(Qualprozedur wie zweimal zuvor bis zum Ende)* Und das? Was ist das?

Zuriel: *(antwortet nicht)*

Dr. Feinholz: Was ist das?

Zuriel: Sie haben ja gekostet.

Dr. Feinholz: Ja gut, was ich gekostet habe, war süß.

Zuriel: Hier ist es süß, und zu Hause ist es sauer? Was machen Sie zu Hause mit den Melonen? Marinieren?

DR. FEINHOLZ: *(bekommt einen Erstickungsanfall und flucht auf deutsch)*

ZURIEL: *(klopft ihm auf den Rücken)* Wollen Sie eine andere?

DR. FEINHOLZ: *(keuchend)* Ja.

ZURIEL: *(beginnt mit dem Prüfungsritual)*

DR. FEINHOLZ: Werfen Sie Ihre Großmutter in die Luft! Ich suche mir meine Melone selbst aus.

ZURIEL: Wie Sie wünschen.

DR. FEINHOLZ: *(fühlt sich nach kurzem Umblick mit magischer Gewalt von einer flaschengrünen Frucht angezogen, betastet sie und weiß mit jener unfehlbaren Sicherheit, die sonst nur den schöpferischen Augenblicken des Genies innewohnt, daß diese Melone einfach süß sein muß)*

ZURIEL: 16 Kilo 80. Wollen Sie die Garantie schriftlich?

DR. FEINHOLZ: Krepier! *(Stöhnen, Schwitzen, Ankunft zu Hause)* Der Lump hat mir eine andere geben müssen.

ELSA: Das sehe ich.

DR. FEINHOLZ: *(schließt sich mitsamt der Melone im Eiskasten ein, kommt aber, da es dort sehr kalt ist, schon nach wenigen Minuten wieder heraus und schneidet die Melone auf)*

DIE MELONE: *(süß, reif, rot, zart, saftig, kernlos, delikat, Exportqualität)*

DR. FEINHOLZ: *(strahlt, verjüngt sich, das Leben ist wieder schön, die Sonne geht in großer Farbenpracht unter, Vöglein zwitschern)* Das nenne ich Melone, was? Liebling, so eine Melone hast du noch nie gegessen. Weil ich sie selbst ausgesucht habe. Dieser Verbrecher. Dreimal hintereinander hat er nichts Brauchbares gefunden. Und ich, gleich beim ersten Mal, von einem geheimnisvollen Instinkt geleitet...

ELSA: Sprich keinen Unsinn.

DR. FEINHOLZ: Unsinn? Du wirst ja sehen. Von jetzt an mache ich's immer so. *(sucht am nächsten Tag seine Melone wieder selbst aus, fühlt sich wieder mit unerklärlicher Magie zu einer bestimmten Frucht hingezogen, zahlt, schwitzt, taumelt, Kühlschrank, halbe Stunde, Schnitt)*

DIE MELONE: *(schmeckt nach verfaultem Laub, ist vollkommen ungenießbar und spottet der menschlichen Eitelkeit)*

DR. FEINHOLZ: *(versucht sich eine Kugel in den Kopf zu schießen, zielt schlecht, trifft daneben und lebt weiter)*

HORS D'OEUVRE

Die Schnellkochtopf-Epidemie

Die beste Ehefrau von allen und ich sind keine religiösen Eiferer, aber die Feiertage werden bei uns streng beachtet. Alle. An Feiertagen braucht man nichts zu arbeiten, und außerdem sorgen sie für kulinarische Abwechslung. Um nur ein Beispiel zu nennen: am Passah, dem Fest zum Gedenken an unseren Auszug aus Ägypten, soll man bestimmte Speisen zweimal in eine schmackhafte Fleischsauce tunken, ehe man sie verzehrt. An Wochentagen tunkt man in der Regel nicht einmal einmal.

Was Wunder, daß ich in diesem Jahr, als es soweit war, an meine Frau folgende Worte richtete:

»Ich habe eine großartige Idee. Wir wollen im Sinne unserer historischen Überlieferungen einen Festabend abhalten, zu dem wir unsere lieben Freunde Samson und Dwora einladen. Ist das nicht die schönste Art, den Feiertag zu begehen?«

»Unbedingt?« replizierte die beste Ehefrau von allen. »Aber noch schöner wäre es, von ihnen eingeladen zu werden. Ich denke gar nicht daran, eine opulente Mahlzeit anzurichten und nachher stundenlang alles wieder sauberzumachen.«

Die beste Ehefrau von allen hatte natürlich wieder einmal recht. Gleichgültig, ob es eine erfolgreiche oder eine mißlungene Party ist, eines ist sicher: wenn die Tür sich hinter dem letzten Gast geschlossen hat, stehen die Hausleute einer verwüsteten Wohnung und Bergen von schmutzigen Tellern gegenüber. Es muß ein solcher Augenblick gewesen sein, in dem der alte Hiob (14, 19) wehklagte: »Du wäschest hinweg die Dinge, die da kommen aus dem Staub der Erde, und Du vernichtest des Menschen Hoffnung.« Die Bibel meldet leider nicht, was Frau Hiob darauf geantwortet hat.

Meine Frau aber hat so gesprochen: »Geh zu Samson und Dwora und sag ihnen, daß wir sie sehr gerne eingeladen hätten, aber leider geht's diesmal nicht, weil... laß mich nachdenken..., weil unser Schnellkochtopf geplatzt ist, oder die Dichtung porös ist und Ersatzdichtungen erst in zehn Tagen wieder lieferbar sind, und deshalb müssen sie uns einladen...«

Ich beugte mich vor dieser zwingenden Logik, ging zu Samson und Dwora und schwärmte, wie schön es doch wäre, den Abend in familiärer Gemütlichkeit zu verbringen.

Laute Freudenrufe waren die Antwort.

»Herrlich«, jubelte Dwora. »Wunderbar. Nur schade, daß es diesmal bei uns nicht geht. Unser Schnellkochtopf ist geplatzt, das heißt die Dichtung ist porös, und Ersatzdichtungen sind erst in zehn Tagen wieder lieferbar. Du verstehst...«

Ich war sprachlos vor Empörung.

»Wir werden also zu euch kommen«, schloß Dwora unbarmherzig ab. »Gut?«

»Nicht gut«, erwiderte ich mühsam. »Es klingt vielleicht ein bißchen dumm, aber auch unser Schnellkochtopf ist hin. Eine wahre Schicksalsironie. Ein Treppenwitz der Weltgeschichte. Aber was hilft's...«

Samson und Dwora wechselten ein paar stumme Blicke.

»In der letzten Zeit«, fuhr ich verlegen fort, »hört man immer wieder von geplatzten Schnellkochtöpfen. Sie platzen im ganzen Land. Vielleicht ist mit dem Elektrizitätswerk etwas nicht in Ordnung.«

Langes, ausführliches Schweigen entstand. Plötzlich stieß Dwora einen heiseren Schrei aus und schlug vor, unsere Freunde Botoni und Piroschka in die geplante Festlichkeit einzubeziehen.

Wir beschlossen, eine rein männliche diplomatische Zweier-Delegation zu Botoni und Piroschka zu entsenden. Samson und ich gingen sofort los.

»Hör zu, alter Junge«, sagte ich gleich zur Begrüßung und klopfte Botoni auf die Schulter. »Wie wär's mit einem gemeinsamen Abendessen? Großartige Idee, was?«

»Wir könnten einen Kocher mitbringen, falls

eurer zufällig geplatzt ist«, fügte Samson vorsorglich hinzu.

»In Ordnung? Abgemacht?«

»In Gottes Namen.« Botoni klang etwas säuerlich. »Dann kommt ihr eben zu uns. Auch meine Frau wird sich ganz bestimmt sehr freuen, euch zu sehen.«

»Botooooni!« Eine schrille Weiberstimme schlug schmerzhaft an unser Trommelfell. Botoni stand auf, vermutete, daß seine Frau in der Küche etwas von ihm haben wolle, und entfernte sich. Wir warteten in düsterer Vorahnung.

Als er zurückkam, hatten sich seine Gesichtszüge deutlich verhärtet.

»Auf welchen Tag fällt eigentlich unser Fest?« fragte er.

»Es ist der nächste Donnerstag«, erläuterte ich höflich.

»Was für ein Schwachkopf bin ich doch.« Botoni schlug sich mit der flachen Hand gegen die Stirn. »Jetzt habe ich vollkommen vergessen, daß an diesem Tag unsere Wohnung saubergemacht wird. Und neu gemalt. Wir müssen anderswo essen. Möglichst weit weg. Schon wegen des Geruchs...«

Samson sah mich an. Ich sah Samson an. Man sollte gar nicht glauben, auf was für dumme, primitive Ausreden ein Mensch kommen kann, um sich einer religiösen Verpflichtung zu entziehen. Was blieb uns da übrig, als Botoni in die Geschichte mit den geplatzten Töpfen einzuweihen?

Botoni hörte gespannt zu. Nach einer kleinen Weile sagte er:

»Wie gedankenlos von uns. Warum sollten wir ein so nettes Paar wie Midad und Schulamith von unserem Fest ausschließen?«

Wir umarmten einander herzlich, denn im Grunde waren wir Busenfreunde, alle drei. Dann gingen wir alle drei zu Midad und Schulamith, um ihnen unseren Plan für einen schönen, gemeinsamen Abend vorzulegen.

Midads Augen leuchteten auf. Schulamith klatschte vor Freude sogar in die Hände: »Fein! Ihr seid alle zum Abendessen bei uns.«

Wir glotzten. Alle? Wir alle? Zum Abendessen? Nur so? Da steckt etwas dahinter...

»Einen Augenblick«, sagte ich mit gepreßter Stimme. »Seid ihr sicher, daß ihr *eure* Wohnung meint?«

»Was für eine Frage.«

»Und euer Schnellkochtopf funktioniert?«

»Einwandfrei.«

Ich war fassungslos. Und ich merkte, daß auch Samson und Botoni von Panik ergriffen wurden.

»Die Wände«, brach es aus Botoni hervor. »Was ist mit euren Wänden? Werden die gar nicht geweißt?«

»Laß die Dummheiten«, sagte Midad freundlich und wohlgelaunt. »Ihr seid zum Abendessen bei uns, und gut.«

Völlig verdattert und konfus verließen wir Midads Haus. Selbstverständlich werden wir *nicht* hingehen. Irgend etwas ist da nicht in Ordnung, und so leicht kann man uns nicht hereinlegen. Keinen von uns. Wir bleiben zu Hause.

SALZSTANGENORGIE WIDER WILLEN

Manchmal geht das Schnellkochtopfspiel auch gut aus. So wie damals, als die Spiegels uns ohne jeglichen Vorbehalt eingeladen hatten.

»Bist du ganz sicher, Ephraim?« fragte meine Frau. »Ist es eine Einladung zum Essen?«

»Ja, soviel ich weiß...«

Hundertmal hatte ich es meiner Frau schon erklärt, und sie hörte nicht auf zu fragen. Ich selbst war am Telefon gewesen, als Frau Spiegel anrief und uns für Mittwoch halb neun Uhr abends einlud. Ich hatte die Einladung mit Dank angenommen und wieder aufgelegt. Das war alles. Nicht der Rede wert, sollte man meinen. Aber wir haben seither kaum über etwas anderes gesprochen. Immer wieder analysierten wir das kurze Telefongespräch. Frau Spiegel hatte nicht gesagt, daß es eine Einladung zum Abendessen war. Sie hatte aber auch nicht gesagt, daß es *keine* Einladung zum Abendessen war.

»Man lädt nicht für Punkt halb neun Gäste ein, wenn man ihnen nichts zu essen geben will«, lautete schließlich die Interpretation meiner Frau. »Es ist eine Dinnereinladung.«

Auch ich war dieser Meinung. Wenn man nicht die Absicht hat, seinen Gästen ein Abendessen zu servieren, dann sagt man beispielsweise: »Kommen Sie aber nicht vor acht«, oder: »Irgendwann zwischen acht und neun«, aber man sagt auf keinen Fall: »Pünktlich um halb neun.« Ich erinnere mich nicht genau, ob Frau Spiegel »pünktlich« gesagt hat, aber »um« hat sie gesagt. Sie hat es sogar deutlich betont, und in ihrer Stimme lag etwas unverkennbar Nahrhaftes.

»Ich bin ziemlich sicher, daß es eine Einladung zum Essen ist«, war in den meisten Fällen das Ende meiner Überlegungen. Um alle Zweifel zu beseitigen, wollte ich sogar bei Frau Spiegel anrufen und ihr von irgendwelchen Diätvorschriften erzählen, die ich derzeit zu beachten hätte, und sie solle mir nicht böse sein, wenn ich sie bäte, bei der Zusammenstellung des Menüs darauf Rücksicht zu nehmen. Dann hätte sie Farbe bekennen müssen. Dann hätte sich sehr rasch gezeigt, ob sie überhaupt vorhatte, ein Menü zusammenzustellen. Aber so raffiniert dieser Plan ausgedacht war, meine Frau war dagegen. Es mache, behauptete sie, keinen guten Eindruck, eine Hausfrau vor die Tatsache zu stellen, daß man von ihr verköstigt werden will. Außerdem sei das ganz überflüssig.

»Ich kenne die Spiegels«, sagte sie. »Bei denen biegt sich der Tisch, wenn sie Gäste haben.«

Am Mittwoch ergab es sich dann, daß wir zu Mittag sehr beschäftigt waren und uns mit einem raschen, lediglich aus ein paar Brötchen bestehenden Imbiß begnügen mußten. Als wir abends zu Spiegels losgingen, waren wir richtig ausgehungert, und vor unserem geistigen Auge erschien ein Buffet mit viel kaltem Geflügel, mit Huhn und Truthahn, Gans und Ente, mit Saucen und Gemüsen und Salaten. Hoffentlich machen sie vorher keine zu lange Konversation, die Spiegels. Hoffentlich warten sie damit bis nach dem Essen...

Gleich als wir die Spiegelsche Wohnung betraten, regten sich unsere alten Zweifel wieder. Wir waren die ersten Gäste, und die Spiegels zogen sich gerade noch an. Besorgt sahen wir uns um, entdeckten aber keinerlei kulinarische Anhaltspunkte. Es war der übliche Anblick: eine Sitzgarnitur, Fauteuils und Stühle um einen niedrigen Glastisch, auf dem sich eine große, flache Schüssel mit Mandeln, Erdnüssen und getrockneten Rosinen befand, in einer bedeutend kleineren Schüssel einige Oliven, in einer etwas größeren gewürfelte Käsestückchen mit Zahnstochern aus Plastik, und schließlich ein edel geschwungenes Glasgefäß voll dünner Salzstäbchen.

Plötzlich durchzuckte mich der Gedanke, daß Frau Spiegel am Telefon vielleicht doch 20 Uhr 45 gesagt hatte und nicht 20 Uhr 30, ja vielleicht hatte sie überhaupt keinen genauen Zeitpunkt genannt, und wir hatten nur über Fellinis »8½« gesprochen.

»Was darf's zum Trinken sein?«

Der Hausherr, noch mit dem Binden seines Schlipses beschäftigt, mixte uns einen John Collins, ein außerordentlich erfrischendes Getränk, bestehend aus einem Drittel Brandy, einem Drittel Soda und einem Drittel Collins. Wir trinken es sonst sehr gerne. Diesmal jedoch waren unsere Magennerven mehr auf Truthahn eingestellt, jedenfalls auf etwas Kompaktes. Nur mühsam konnten wir sie beruhigen, während wir unsere Gläser nahmen.

Der Hausherr stieß mit uns an und wollte wissen, was wir von Handke hielten. Ich nahm eine Handvoll Erdnüsse und versuchte eine Analyse der postmodernen Literatur, soweit sie uns betraf, stellte aber bald fest, daß mir das Material ausging. Was ist denn auch eine einzige Schüssel mit Erdnüssen und Mandeln für einen erwachsenen Menschen?

Ganz ähnlich erging es meiner Frau. Sie hatte den schwarzen Oliven in einem Satz den Garaus gemacht und schwere Verwüstungen unter den Käsewürfeln angerichtet. Als wir auf die weltweite Abrüstung zu sprechen kamen, befanden sich auf dem Glastisch nur noch ein paar verlassene Gurkenscheiben.

»Einen Augenblick«, sagte Frau Spiegel, wobei sie es fertigbrachte, gleichzeitig zu lächeln und die Augenbrauen hochzuziehen. »Ich hole noch etwas.«

Und sie verließ das Zimmer, die leeren Schüsseln im Arm. Durch die offene Tür versuchten wir in der Küche irgendwelche Anzeichen von Küchenarbeit zu entdecken. Das Ergebnis war niederschmetternd. Die Küche glich einem Operationsraum, so steril und weiß und ruhig lag sie da...

Inzwischen – es ging auf neun – waren noch einige Gäste eingetroffen. Mein Magen begrüßte jeden einzelnen mit lautem Knurren.

Die Konversation wandte sich der erfolgreichen Amerikareise unseres Finanzministers zu:

»Man kann sagen, was man will«, sagte jemand, der etwas sagen wollte. »Er läßt sich nicht unterkriegen.«

Nicht? Ich hätte ihn gern gesehen, wenn er in Amerika zum Dinner nichts als Erdnüsse bekommen hätte. Ich, zum Beispiel, hatte schon nach der zweiten Schüssel Magendrücken. Nicht daß ich gegen Erdnüsse etwas habe. Die Erdnuß ist ein schmackhaftes, vitaminreiches Nahrungsmittel. Aber sie ist kein Ersatz für Truthahn oder Fischsalat mit Mayonnaise.

Ich sah um mich. Meine Frau saß mir mit kalkwei-
ßem Gesicht gegenüber und griff sich in diesem
Augenblick gerade an die Kehle, offenbar um den
John Collins zurückzudrängen, der gegen die Gurken und Rosinen rebellierte. Ich nickte ihr zu, warf
mich auf eine eben eintreffende Ladung frischer
Käsewürfel und verschluckte in der Eile einen
Plastikzahnstocher. Frau Spiegel tauschte befrem-
dete Blicke mit ihrem Gatten und erhob sich, um
neue Vorräte herbeizuschaffen.

Jemand meinte gerade, daß die Zahl der Ar-
beitslosen stetig zunehme.

»Kein Wunder«, bestätigte ich. »Das ganze Volk
hungert.«

Das Sprechen fiel mir nicht leicht, denn ich hatte
den Mund voller Salzstäbchen. Aber es ärgerte
mich, dummes Geschwätz über angeblich steigende Arbeitslosenzahlen zu hören, während in
einer komfortablen Wohnung Leute saßen, die
nichts sehnlicher wünschten als ein Stück Brot.

Meine Frau war mit dem dritten Schub Rosinen
fertig geworden, und auf den Gesichtern unserer
Gastgeber zeigte sich Panik. Herr Spiegel füllte die
Lücken in den Schüsseln mit Karamellen aus, aber
die Lücken waren bald wiederhergestellt. Schließlich hatten wir seit dem frühen Morgen fast nichts
zu uns genommen.

Die Salzstäbchen knirschten und krachten in
meinem Mund, so daß ich kaum noch etwas vom
Gespräch verstand. Während sie sich zu einer
breiigen Masse verdickten, sicherte ich mir einen

neuen Vorrat von Mandeln. Mit den Erdnüssen war es vorbei, Oliven gab es noch. Ich aß und aß. Die letzten Reste meiner sonst so vorbildlichen Selbstbeherrschung schwanden dahin. Ächzend und stöhnend stopfte ich mir in den Mund, was immer in meiner Reichweite lag. Meine Frau troff vor Karamellen und sah mich aus verklebten Augen anklagend an. Sämtliche Schüsseln auf dem niedrigen Glastischchen waren kahlgefegt. Auch ich war am Ende. Ich konnte nicht mehr weiter. Als Herr Spiegel aus der Nachbarwohnung zurückkehrte und einen Teller mit Salzmandeln vor mich hinstellte, mußte ich mich abwenden. Ich glaubte zu platzen. Der bloße Gedanke an Nahrungsaufnahme verursachte mir Übelkeit. Nur kein Essen mehr sehen. Nur, um Himmels willen, kein Essen mehr...

»Hereinspaziert, meine Herrschaften.«

Frau Spiegel hatte die Tür zum anschließenden Zimmer geöffnet. Ein weißgedeckter Tisch wurde sichtbar und ein Buffet mit viel kaltem Geflügel, mit Huhn und Truthahn, Gans und Ente, mit Saucen und Gemüsen und Salaten...

Der Rest ist Schweigen.

Fünf Sterne
für eine Henkersmahlzeit

In einem Gourmettempel serviert man bekanntlich keine Salzstangen und Erdnüsse, sondern hochkarätige Rechnungen. Dabei ist schon manches Haar ergraut. Auch meines.

Die Premiere war vorüber. Nachdem wir in den Künstlergarderoben pflichtgemäß unsere Glückwünsche abgeliefert hatten, trafen wir uns beim Bühnenausgang, um ernsthaft über die Dinge zu reden. Wir waren in bester Stimmung, denn das Stück war eindeutig durchgefallen. Jetzt waren die Ursachen zu analysieren.

Plötzlich fragte Kunstetter, ich erinnere mich ganz genau, daß die Frage von Kunstetter kam:

»Wie wär's, wenn wir eine Kleinigkeit essen gingen?«

Wir stimmten freudig zu. Jemand schlug das neueröffnete »Balalaika«-Restaurant vor, das, wie schon der Name vermuten ließ, feinste französische Küche bot. Die Preise in einem solchen Lokal liegen zwar etwas über dem Durchschnitt, aber nach einem schlechten Stück will man wenigstens gut essen.

Schon rein äußerlich machte die »Balalaika« einen erstklassigen Eindruck. Die holzgetäfelten Wände waren mit Gobelins geschmückt, das Licht kam aus hohen Kerzenhaltern und die Kellner aus Südfrankreich. Sechs Tische wurden zusammengeschoben, und bei dieser Gelegenheit zeigte sich, daß unsere Gesellschaft aus mehr als zwanzig Personen bestand, darunter eine Anzahl völlig Unbekannter. Das ist schon so beim Theater. Gewisse Randfiguren des Betriebs hängen sich immer an die Berühmtheiten an.

Obwohl die Preise unsere schlimmsten Befürchtungen übertrafen, bestellten wir allerlei kalte und warme Hors-d'œuvres und als Hauptgericht die Spezialitäten des Hauses. Alles schmeckte vorzüglich, der Wein war spritzig, die Konversation desgleichen, das Leben war schön, und zur Hölle mit kleinlichen Pfennigfuchsereien.

Ich hatte gerade den letzten Bissen meines Steaks au poivre mit einem kräftigen Schluck Pommard hinuntergespült, als meine Ehefrau, die beste von allen, mich am Ärmel zupfte.

»Ephraim«, flüsterte sie. »Schau.«

Tatsächlich, einige Plätze am Tisch waren leer. Ihre Inhaber mußten sich nach Beendigung der Mahlzeit verflüchtigt haben. Insgesamt tafelten noch zwölf Personen. »Die als erste gehen, werden fallen«, lautet ein altes Wahrwort. Aber es ist nirgends die Rede davon, daß sie vorher zu zahlen haben...

Meine Blicke suchten den Oberkellner und fanden ihn. Er hatte sich in eine strategisch wichtige Ecke plaziert und stand in seinem einwandfreien Frack beinahe reglos da. Nur von Zeit zu Zeit hob er die buschigen Augenbrauen und machte Notizen.

Ich merkte, daß auch die Blicke der anderen auf ähnliche Art beschäftigt waren wie die meinen. Ihr sonderbares Flackern schien eine geheime Furcht auszudrücken, die sich nicht in Worte fassen läßt oder höchstens in die Worte: »Wer wird das bezahlen?«

Die nächste Bestandsaufnahme ergab zehn Verbliebene. Im Schutz der intimen Kerzenbeleuchtung hatte ein weiteres Paar den Raum verlassen.

Immer schleppender wurde die Konversation, immer dumpfer die Spannung, die über der Tafel lag. Niemand wagte seinen Nachbarn anzusehen. Fast glaubte man das Klicken der inneren Registrierkassen zu hören, die den Preis der einzelnen Bestellungen zusammenrechneten.

Nach und nach richteten sich alle Augen auf Kunstetter. Rein moralisch betrachtet, müßte eigentlich er für die Rechnung aufkommen. Die Einladung war ja von ihm ausgegangen. Ein anderer wäre gar nicht auf die Idee gekommen, nach einem so miserablen Theaterabend auch noch ein kostspieliges Restaurant aufzusuchen. Wie hatte

Kunstetter gesagt? »Kommt, meine Freunde«, hatte er gesagt, »kommt und speist mit mir.« Möglicherweise hatte er sogar hinzugefügt: »Ihr seid meine Gäste« oder etwas Ähnliches. Jedenfalls stand fest, daß er der Veranstalter des Unternehmens war. Und er war ein rechtschaffener Mann. Er würde zahlen. Ganz gewiß würde er zahlen.

Oder?

Neun Augenpaare hefteten sich auf ihn.

Kunstetter beendete mit nervenzermürbender Gelassenheit seine Mahlzeit und bestellte Kaffee. Wir hielten den Atem an. Hätte Kunstetter jetzt die Frage, ob jemand Kaffee wünsche, an die Runde gestellt, so hätte er sich damit eindeutig als Gastgeber zu erkennen gegeben und die finanzielle Verantwortung auf sich genommen. Kunstetter dachte nicht daran. Gleichmütig schlürfte er seinen Kaffee und plauderte Belangloses mit Madame Kunstetter.

Unterdessen hatten noch ein paar Ratten das sinkende Schiff verlassen. Die Passagierliste war auf sieben verlorene Seelen geschrumpft.

Wer zahlt?

Längst waren alle Gespräche versickert. Dann und wann fiel eine kurze Bemerkung über die Inflation oder über das jüngste Scheidungsgerücht, aber das wahre Interesse der Anwesenden galt nur noch eben dieser Anwesenheit: jeder weitere Abgang würde für die Zurückbleibenden eine steigende Zahlungsgefahr bedeuten, dessen waren sich alle bewußt.

Eine der Geiseln, Ben-Zion Ziegler, erhob sich mit demonstrativer Gleichgültigkeit:

»Entschuldigen Sie mich, bitte«, sagte er. »Ich muß einen dringenden Anruf machen.«

Ohne Hast, als wäre es das Selbstverständlichste von der Welt, ging er in Richtung der nahe beim Ausgang gelegenen Telefonzelle.

Kalter Schweiß trat auf unsere Stirnen. Erst jetzt fiel uns auf, daß Ziegler ohne seine Frau gekommen war, was ihm den eleganten Abschied umso leichter machen würde.

Er kam nie zurück. Wochen später berichtete ein angeblicher Augenzeuge, daß Ziegler tatsächlich die Telefonzelle betreten, dann aber zu unserem Tisch zurückgewinkt habe, bevor er das Lokal verließ. Niemand hatte ihn winken gesehen. Hat er überhaupt gewinkt? Und wenn er überhaupt gewinkt hat, was soll's?

Wer zahlt?

Die Runde bröckelte weiter ab, die dumpfe Spannung nahm weiter zu. Ich verfluchte die Unachtsamkeit, die meine Frau und mich verführt hatte, unsere Plätze so zu wählen, daß die Kellner in unserem Rücken standen und daß wir nicht sehen konnten, was sie dort planten. Wir waren in größter Gefahr, ihrer Verschwörung zum Opfer zu fallen. Jeden Augenblick konnte sich der Oberkellner von schräg seitwärts über mich beugen und mir die vornehm unter einer Serviette verborgene Rechnung zuschieben. Ich hatte keine Ausweichmöglichkeit. Ich war wehrlos.

Und dann geschah etwas Entsetzliches.

Mit dem Ausruf »Um Himmels willen!« sprang Kunstetter auf, wobei er einen besorgten Blick auf seine Uhr warf. »Unser Babysitter!« Und bevor uns seine Absicht noch klar geworden war, hatte er mit seiner Frau den Tisch verlassen.

Ingenieur Glick öffnete den Mund, als ob er ihm etwas nachrufen wolle, brachte aber nur ein unartikuliertes Gurgeln hervor und sank aschfahl in seinen Sessel zurück. Kunstetter war unsere letzte Hoffnung. Jetzt, nach seiner feigen Flucht, bestand die Zahl der Eingeschlossenen aus drei Ehepaaren: den Glicks, den Bar-Honigs und uns. Ich sah mich um. Der Oberkellner stand noch immer in der Ecke und fixierte uns unter buschigen Augenbrauen. Nie im Leben habe ich so buschige Augenbrauen gesehen.

Wie hoch die Rechnung wohl sein würde? Kalte und warme Vorspeisen, Steaks vom Infragrill, gepflegte Weine ...

Plötzlich begann Frau Bar-Honig mit ihrem Gatten polnisch zu reden. Man brauchte keinen Dolmetscher, um zu verstehen, worum es ging.

Ich war entschlossen, nicht nachzugeben. Wie zur Bekräftigung fühlte ich die Hand der besten Ehefrau von allen in der meinen. Es tut gut, in den wirklich kritischen Situationen, die uns das

Schicksal auferlegt, nicht allein zu sein. Ich erwiderte ihren Händedruck. Wir wußten, daß jetzt der Kampf auf Tod oder Leben begonnen hatte. Ein achtloser Schritt, und du bist verloren. Aufgepaßt, alter Junge, wer jetzt eine Andeutung innerer Schwäche erkennen läßt oder vielleicht gar eine kleine Gebärde macht, die der Ober als Zeichen von Zahlungswilligkeit mißdeuten könnte, hat es sich selber zuzuschreiben. Vor meinem geistigen Auge tauchten die vielen tragischen Fälle auf, in denen ein Unschuldiger die Rechnung für eine ganze Gesellschaft zahlen mußte, nur weil er unbedachterweise die Hand gehoben hatte, um eine Fliege zu verscheuchen. Schon war mit einem Satz der Kellner da und drückte ihm den unheilvollen Wisch in die Hand. Also keine Handbewegung. Überhaupt keine Bewegung.

Eiserne Ruhe.

Es ging auf drei Uhr früh. Obwohl unser Tisch schon seit zwei Stunden der einzige noch besetzte war, wollte es niemand riskieren, den Aufbruch vorzuschlagen. Wer es täte, würde unweigerlich die Aufmerksamkeit des Oberkellners auf sich ziehen und müßte die Rechnung zahlen. Da, was war das? Bar-Honig und Ingenieur Glick sprachen plötzlich auffallend lebhaft aufeinander ein, ihre Gattinnen unterbrachen sie, fielen ihnen und sich selbst ins Wort, steigerten das Gespräch zu immer größerer Intensität...

Es war klar, was hinter dem Manöver steckte: der Kellner mußte auf dem Weg zu unserem Tisch sein, und da die anderen so tief in ihr Gespräch verwickelt waren, würde er sich zwangsläufig an mich wenden.

Mir blieben nur noch wenige Sekunden. Mein Hirn arbeitete fieberhaft. Und dann hatte ich einen meiner bekannt genialen Einfälle. Ich würde so tun, als wäre ich tatsächlich bereit, die Rechnung zu übernehmen und würde einige Geldscheine ziehen. Der eine oder der andere würde dann aus nur so angespielter Höflichkeit murmeln: »Nein... lassen Sie doch...« oder dergleichen. Zu seinem Entsetzen würde ich daraufhin mit einem raschen »Bitte sehr, ganz wie Sie wünschen« die Rechnung zu ihm hinüberschieben und würde gemeinsam mit meiner Frau sofort verschwinden. Diese Endspielvariante ist allgemein als »Haifarochade« bekannt, weil sie von einem Industriellen aus Haifa bei einer Silvestereinladung zum erstenmal praktiziert worden war.

Ich drehte mich also halb um und rief laut und deutlich: »Herr Ober! Die Rechnung, bitte!«

Die Ehepaare Bar-Honig und Glick verstummten augenblicklich und lehnten sich erleichtert zurück, während ich mit unnachahmlicher Eleganz meine Brieftasche hervorzog und scheinbar unbeteiligt auf den Effekt der Haifarochade wartete.

Diesmal versagte sie kläglich. Weder Glick noch Bar-Honig rangen sich auch nur zu einem Ansatz jener guten Manieren durch, die man von halbwegs zivilisierten Menschen erwarten darf. Sie saßen stumm und mit gesenkten Augen, nur ihre Nasenflügel vibrierten ein wenig, das war alles. Um die Mundwinkel Ingenieur Glicks glaubte ich sogar ein schäbiges Lächeln zu erkennen, aber das war wohl schon eine Fiebervision, wie sie einen zum Untergang Verurteilten befällt.

Mit zwei Fingern lüftete ich die Serviette, gerade weit genug, um die Endsumme der Rechnung ins Blickfeld zu bekommen.

Es handelte sich um horrende 1600 Pfund.

»Bitte nur zu unterschreiben, Monsieur«, sagte der Kellner. »Herr Kunstetter hat alles auf sein Konto setzen lassen.«

Ich krallte meine freie Hand ins Tischtuch. Nie werde ich Kunstetter diese Nacht verzeihen. Nie. Warum hat er das getan? Warum hat er uns stundenlang in qualvollen Ängsten schmoren lassen? Was für ein sadistischer Schuft muß er sein, um auf eine solche Tücke zu kommen.

Gleichmütig unterzeichnete ich die Rechnung, steckte meine Brieftasche wieder ein und verließ den Tisch, ohne mich nach den schäbigen Schnorrern umzusehen, die in starrer Bewunderung dasaßen. Jetzt hatten sie endlich einmal gesehen, wie ein wirklicher Gentleman sich als Herr der Lage zeigt.

Fruchtsalate
sind gefährlich

Wir lernen daraus, daß Gastfreundschaft eine brisante Angelegenheit ist, vor allem, wenn die Gastgeberin selbst kocht, Gott behüte.

Meine persönliche Erfahrung diesbezüglich begann damit, daß wir ein Einzelabonnement für die Philharmonischen Konzerte haben, das wir abwechselnd benützen. Einmal geht meine Frau ins Konzert, und ich bleibe zu Hause. Nach einiger Zeit tauschen wir: Ich gehe Freunde besuchen, und sie geht ins Konzert.

So geschah es auch beim letzten Abonnementkonzert der Saison, das ich zu einem Besuch bei den Wechslers nützte. Ich mag die Wechslers sehr. Gideon ist ein bekannter Architekt, Ilona ist in der physikalischen Forschungsabteilung der Universität beschäftigt. Kein Wunder, daß sich unsere Tischgespräche auf hohem Niveau bewegten.

Gerade als Gideon über ferngesteuerte Raketen zu sprechen begann, brachte Ilona das Tablett mit dem Nachtisch herein. Jeder von uns bekam eine große rosa Torte mit gelber Füllung und dazu zwei kleine Schokoladenschnitten. Wir machten uns genießerisch darüber her.

»Wie schmeckt's dir?« fragte Gideon.

»Sehr gut«, antwortete ich.

Gideons Gesicht verfinsterte sich.

»Sehr gut nennst du das, nichts weiter? Es ist phantastisch.«

»Phantastisch«, bestätigte ich schnell. »Ich habe noch nie im Leben eine so phantastische Torte gegessen. Diese gelbe Füllung ist ein Traum.«

Ilona errötete bis in ihre intellektuellen Haarwurzeln und servierte den Kaffee. So gerne ich unser Gespräch über Ilonas Forschungsgebiet, nämlich »Einsteins Quantentheorie für optische Effekte« fortgesetzt hätte, ein Seitenblick Gideons machte mir klar, daß ich die Hausfrau zuerst für den Kaffee loben müsse.

»Das ist der beste Kaffee, den ich jemals getrunken habe«, sagte ich mit Nachdruck. »Ich wußte gar nicht, daß es so ein Aroma gibt.«

»Du übertreibst«, wehrte Ilona ab.

»Eher im Gegenteil. Ich komme einem völlig neuen Kaffeegefühl auf die Spur.«

»Wieso?« fragte Gideon.

»Mein Sprachvermögen reicht für eine Begründung nicht aus. Der Kaffee ist einfach pyramidal. Arabesk! Pytagor! Synagog! Kann ich noch einen Fingerhut voll haben?«

Nicht, daß der Kaffee schlecht gewesen wäre. Es war ein ganz normaler Kaffee, heiß und flüssig, vielleicht ein wenig schwach und ohne rechten Geschmack, aber Kaffee. Ilona kam mit der Eiscreme und dem Fruchtsalat.

»Wie ist das Eis?« fragte Gideon.

»Ein Meilenstein in der Entwicklung der Eisgeschichte. Ein kulinarisches Meisterwerk. Möge der Allmächtige die Hände segnen, die es geschaffen haben.«

»Und der Fruchtsalat?« fragte Gideon.

Schon öffnete ich den Mund zu einer neuen Lobeshymne, da durchzuckte mich der Gedanke: Vorsicht! Wenn man nichts als Superlative verwendet, werden sie unglaubwürdig. Es war jetzt besser, ein wenig zu nuancieren.

»Der Salat«, sagte ich und legte die Stirn in nachdenkliche Falten, »der Salat schmeckt ein wenig säuerlich.«

Die Wirkung meiner Worte war verheerend. Ilona krümmte sich, als hätte sie jemand mit siedendem Wasser begossen, sprang auf und rannte schluchzend in die Küche. Gideon folgte ihr.

Eine Viertelstunde verging. Ich war allein mit meinen Gedanken. Was spielte sich wohl draußen in der Küche zwischen den beiden Eheleuten ab?

Gideon kam zurück, bleich und am ganzen Körper zitternd.

»Du gehst jetzt besser nach Hause«, sagte er tonlos.

Als ich der besten Ehefrau von allen mein Erlebnis schilderte, sah sie mich kopfschüttelnd an.

»So etwas kann natürlich nur dir passieren.« In ihrer Stimme war keine Spur von Mitleid. »Jeder halbwegs feinfühlige Mensch an deiner Stelle hätte sofort gewußt, was los war.«

»Was war los?«

»Du weißt es noch immer nicht?«

»Nein.«

»Denk nach«, sagte die beste Ehefrau von allen, »Ilona hat alles fertig gekauft und nur den Fruchtsalat selbst gemacht.«

Eine Künstlerin der Emanzipation

Das ist alles nichts«, sagte Jossele, kaum daß wir in Gustis Café Platz genommen hatten, »jetzt erzähle ich dir meine Geschichte. Noch nie im Leben wurde ich so aufs Kreuz gelegt wie von dieser Person.«

Ich bestellte zwei große Mokka. Jossele nahm einen kräftigen Schluck.

»Sie hieß Libby«, begann er. »Ich lernte sie vor etwa zehn Tagen kennen und hatte den Eindruck, daß sie meine Zuneigung erwiderte. Wir gingen ein paarmal miteinander spazieren, und nach Ablauf der Werbewoche schien mir der Zeitpunkt für eine gründliche Abendeinladung gekommen. Ich schlug vor, mit einem Drink in einer kleinen, schummrigen Bar zu beginnen, dann wollten wir uns dieses neue Musical ansehen, und hernach käme ein Dinner in einem erstklassigen Restaurant. Libby war einverstanden. ›Nur eines‹, sagte sie. ›Ich bin ein modernes Mädchen und möchte nicht, daß du für mich zahlst.‹ Ich erklärte ihr, es sei unter meiner männlichen Würde, jede gemeinsame Konsumation zu halbieren und ihr die Hälfte aufzurechnen. ›Gut, Jossele, dann werden wir uns beim Zahlen abwechseln‹, entschied sie. Und damit fing das Unglück an.«

Jossele stürzte seinen Mokka hinunter, ehe er fortfuhr:

»Wir trafen uns in der Stadtmitte und fuhren im Bus zur Eden-Bar. Beim Einsteigen drehte sich Libby mit den Worten ›Damen haben Vorrang‹ zu mir um und löste zwei Fahrscheine zu je einem Pfund. In der Eden-Bar konsumierte sie einen französischen Cognac, drei Portionen Salzmandeln und fünf oder sechs dieser infam kleinen Brötchen, die sie mit noch einem französischen Cognac hinunterspülte. Obwohl ich mich auf einen heimischen Weinbrand und eine Handvoll Kartoffelchips beschränkte, zahlte ich zum Schluß etwas über 60 Pfund, weil ich an der Reihe war. Die Busfahrt zum Theater zahlte dann wieder Libby, so daß die Eintrittskarten für das Musical meine Sache waren. Sie kosteten – denn Libby ist ein wenig kurzsichtig und muß ganz vorne sitzen –, sie kosteten zusammen 100 Pfund. Die Garderobengebühr dagegen machte nur ein halbes Pfund für uns beide aus. Das erledigte Libby. Dann begann die Vorstellung. Der erste Akt gefiel mir recht gut. Tröstete ich mich doch insgeheim damit, daß ich die Busfahrt zum Restaurant zahlen würde und Libby, gemäß unserer Vereinbarung, das Abendessen.«

An dieser Stelle bat Jossele den Ober um ein Glas Wasser. Er hatte es nötig.

»Als es nach dem ersten Akt eine Pause gab, stand Libby auf. Wir sollten uns im Foyer ein wenig die Füße vertreten, meinte sie. Vergebens entgegnete ich, es wäre doch nur eine kurze Pause und wir säßen hier doch sehr gemütlich. Libby war schon unterwegs zum Buffet und verschlang genüßlich eine Mandeltorte. Der unverschämt hohe Preis störte mich weniger als die Tatsache, daß damit die richtige Reihenfolge durcheinandergeraten war. Beim Bakkarat nennt man das ›faute tirage‹, und wenn so etwas passiert, sind alle Spieler sehr erbittert. Auch ich war es. Denn jetzt würde Libby den Bus zahlen, und das Abendessen ... Da kam mir ein rettender Gedanke. ›Wie wär's mit einem Fruchtsaft?‹ fragte ich. Libby lehnte ab. Sie hätte keinen Durst. ›Aber ich‹, stieß ich geistesgegenwärtig hervor und stürzte ein Glas Orangeade hinunter. ›Zahl schön, Liebling‹, sagte ich nicht ohne Hohn. Libby zahlte. Da wir ein Land der Zitrusfrüchte sind, kostete die Orangeade nur ein halbes Pfund, was jedoch nichts daran änderte, daß ich den ganzen zweiten Akt im frohen Bewußtsein verbrachte, die Bustickets bezahlen zu können. In der zweiten Pause kramte ich ein altes Fußleiden hervor und weigerte mich, ins Foyer zu gehen. Libby sah mich aus dunklen Augen mitleidig an. ›Macht nichts‹, sagte sie. ›Ruf den Eskimo-Jungen.‹ Einen minderjährigen Knaben, der mit dem kreischenden Ausruf ›Eislutscher! Eislutscher!‹ den Mittelgang auf und ab lief. Und ich hatte immer geglaubt, daß Kinderarbeit bei uns verboten sei. Kurz und gut, ich zahlte den verdammten Eislutscher und habe daher keine Ahnung, was im letzten Akt passierte. Verzweifelt suchte ich nach einem Ausweg, der mir die Restaurantrechnung ersparen würde. Mitten im Schlußapplaus durchzuckte mich eine Idee. ›Laß uns ein Programm kaufen‹, forderte ich Libby auf. ›Jetzt? Nach der Vorstellung?‹ wunderte sie sich. ›Ich möchte es mir zur Erinnerung aufheben‹, beharrte ich. Libby kaufte ein Programm. Und zahlte.«

Ein undefinierbarer Ausdruck verzerrte Josseles Gesicht. Hastig sprach er weiter:

»Noch während der Busfahrt, die ich planmäßig bezahlt hatte, fühlte ich mich wie ein König, und dieses Hochgefühl hielt auch in dem Schlemmerlokal an, in das wir gelangt waren. Ich bestellte eine Schildkrötensuppe, ein Kalbsteak à la Dauphinoise mit Spargel und gemischtem Salat, orderte sogleich den Nachtisch, eine Vanillecrème, Obst und Käse, und ließ mir, als ich die Rechnung verlangte, noch rasch eine Zigarre bringen, obwohl ich Nichtraucher bin. Libby, die das Essen kaum berührt hatte, saß bleich und schmallippig da, den bevorstehenden Schicksalsschlag wehrlos erwartend. Und dann geschah es ...«

Jossele verlangte nach einem zweiten Glas Wasser. Er hatte sichtlich Schwierigkeiten, sich aufrecht zu halten. Seine Stimme klang gepreßt.

»Es geschah, daß genau in diesem Augenblick, gerade als ich in panischer Angst nochmals nach der Rechnung brüllte, diese Mißgeburt das Lokal betrat, ein Hausierer, der Ansichtskarten feilbot. Ansichtskarten mitten in der Nacht. Libby ihn sehen und heranwinken, war das Werk einer Sekunde. Sie kaufte drei Ansichtskarten um insgesamt 1 Pfund 20, während ich für den kulinarischen Genuß 214 Pfund auf den Tisch blätterte. Die Heimfahrt im Bus übernahm dann wieder sie. Und das ist noch nicht alles. Als ich sie im Haustor küssen wollte, schob sie mich sanft, aber entschieden von sich. ›Laß das, Jossele‹, sagte sie. ›Das ist eben der Grund, warum ich nicht will, daß man für mich zahlt.‹«

Nach dem Sündenfall
Eine wissenschaftliche Abhandlung

Bereits vor mehreren hundert Jahren hat die Menschheit bekanntlich darauf verzichtet, die Nahrung mittels ihrer Hände in den Mund zu befördern und sich leichtsinnigerweise dazu entschlossen, Eßbesteck zu benutzen. Eine Entscheidung, die den Eßvorgang insgesamt umständlicher und ungemütlicher gemacht hat. Wenn der

Mensch von Zeit zu Zeit auch heute noch seine fünf geschickten Finger zum Verzehr von Lebensmittel benützt, so tut er es nur, wenn er allein und unbeobachtet ist oder wenn jemand ihn dabei beobachtet und es ihm trotzdem piepegal ist. Die fünf menschlichen Finger sind nun mal weitaus beweglicher und sicherer als zum Beispiel die vier starren Zinken der Gabel. Die Unbeholfenheit des Eßbestecks verursacht es also, daß das brennende Problem herabgefallener Speiseteile bis heute ungelöst blieb.

Es kommt zum Beispiel nicht selten vor, daß beim Umhäufen des Fleisches von der Schüssel auf den Teller etwas Bratensauce auf das zumeist weiße Tischtuch tropft. Drei von vier Menschen versuchen in dieser heiklen Lage, in Panik den Saftfleck mit dem Fingernagel, dem Messer, oder einem anderen improvisierten Schaber zu entfernen. Der Mehrzahl der Betroffenen ist leider nicht bekannt, daß es nach dem heutigen Stand der Wissenschaft unmöglich ist, einen Soßenfleck durch Reiben von einem zumeist weißen Tischtuch zu entfernen.

Was also ist zu tun?

Die Lösung liegt auf der Hand. Das von der Sauce verdorbene Stück Tischtuch sollte man den Blikken Umsitzender und vor allem denen der Gastgeber entziehen, eventuell durch Verschieben des Tellers, des Salzstreuers oder eines Trinkglases mit dunkler Flüssigkeit, je nach Fleckgröße und Sachlage, aber in jedem Fall ohne Aufschub. So wird der Saucenfleck erst nach unserem Abgang entdeckt werden, und dann soll man uns gefälligst den Buckel herunterrutschen.

Mit einem verwandten, wenn auch leicht abweichenden Phänomen haben wir es zu tun, wenn ein Speiseteil unmittelbar auf dem Boden landet. Besonders gefährlich sind in diesem Zusammenhang kulinarische Schmiermittel aus der Gattung der Margarinen, Leberwürste oder streichfähiger Käsesorten, deren glitschige Konsistenz ihr Aufheben einigermaßen kompliziert.

Es ist hinlänglich bekannt, daß die Adhäsion von im Kühlschrank aufbewahrter Butter schwach ist und sie daher vom Brot auf den Boden zu gleiten droht. Die Eliminierung eines bereits auf dem Boden befindlichen Butterstücks ist überraschend einfach und mit ein wenig Fachkenntnis unauffällig durchzuführen. Mit engen Spiralbewegungen der Schuhsohle zerreibt man das Butterstück am Boden, wobei ein zwar hartnäckiger, aber nicht mehr zu identifizierender Fettfleck zurückbleibt. Die gebutterte Schuhsohle kann bei nächster Gelegenheit in einem flauschigen Teppichabschnitt problemlos gesäubert werden.

Ein Glücksfall ist herabgefallene Leberpastete, da, dank der unendlichen Weitsicht der Natur, ihr chamäleonartiges Beige die Farbnuancen des Parketts annehmen kann.

Die Beschäftigung mit Kleinobst lohnt nicht recht. Die Beförderung einer einzelnen Traubenbeere mit der Fußspitze unter den Nachbarstuhl ist heute schon eine Selbstverständlichkeit.

Unangenehm wird es, wenn ein Schmiermittel in Verbindung mit einer festen Unterlage zu Boden fällt. Nehmen wir den konkreten Fall eines Marmeladenbrotes. Hier gibt es zwei Alternativen: Entweder fällt das Brot auf die Marmeladeseite oder es fällt auf die Marmeladeseite. In beiden Fällen sind auf der Marmeladeschicht Fremdablagerungen und Unebenheiten zu beobachten. Das verursacht aber keinerlei Schwierigkeiten: Man hebt das abgestürzte Marmeladenbrot auf, bläst zweimal, dreimal kräftig darüber, und der umgehenden Magenverstimmung steht nichts mehr im Wege.

Sensiblen Ästheten ist zu empfehlen, auf die Marmeladenurschicht eine zweite Lage aufzutragen, womit das Ebenmaß der Oberfläche wieder hergestellt ist.

Wir sollten jedoch das Thema nicht verlassen, solange die Bröselfrage nicht gelöst ist.

Besonders bei Kuchenverzehr ergibt sich die mißliche Situation, daß einige Trabanten sich vom Mutterkuchen losmachen und sich im Raum verteilen. Diese Kuchensplitter können sich auf dem Tischtuch oder unmittelbar auf dem Parkett niederlassen.

Die erfolgreichste Methode, die Bröselansammlungen vom Tischtuch zu entfernen, ist die sogenannte Hohlehandmethode. Ihr zufolge wird die linke Handfläche zu einem Viertel unter die Tischkante geschoben, während die rechte, zum Halbmond geformte Hand die Brösel hineinkehrt. Was danach kommt, ist ein Kinderspiel. Man bewegt die Brösel in der hohlen Hand so lange hin und her, bis sie restlos verschwunden sind.

Eine andere beliebte Methode ist das Verblasen der Brösel auf dem Tisch. Das birgt jedoch die Gefahr in sich, daß sich die Brösel in der Mitte des Tisches zusammenrotten und eine neue Verteidigungslinie bilden, während unser Endziel doch sein sollte, sie hinunterzubekommen.

Zu erwähnen ist abschließend die traditionelle Kellnermethode. Hier werden die Brösel durch Wedeln mit einer verfügbaren Serviette in das Weltall befördert.

Das Kuchenkapitel seinerseits kann nicht abgeschlossen werden, ohne daß wir uns der Cremeschnitte zuwenden. Bei deren Genuß kann eine Cremeabsonderung auf dem Boden einen schmatzenden Ton erzeugen und dadurch die unauffällige Beseitigung gefährden. Die Cremeschnitte ist nämlich eine Mehlspeise mit imperialistischem Charakter. Die Puddingfüllung zwischen dem viereckigen Blätterteig neigt dazu, sich unter dem leichtesten Fingerdruck über ihre natürlichen Grenzen auszubreiten.

Daher ist im Falle der Cremeschnitte entsprechende Vorsorge zu treffen.

Am sichersten ist es, beim Verspeisen in regelmäßigen Abständen den Schnittenrand mit dem senkrecht gestellten Mittelfinger zu umrunden und die gewonnene Crememasse unverzüglich in die Mundhöhle zu befördern.

Die optimale Lösung wäre fraglos, die Cremeschnitte mit einem einzigen gewaltigen Bissen zu verschlingen. Dieses Verfahren ist jedoch von der individuellen Mundanlage abhängig.

Damit sind wir mit unserer wissenschaftlichen Abhandlung über herabgefallene Speisen am Ende angelangt.

Das Material war überwältigend, der Platz beengt. Ich versuchte mein Bestes, die großen Linien aufzuzeigen, ohne mich in Details zu verlieren. Wenn ich auch nur einem einzigen Leser weiterhelfen konnte, war meine Forschungsarbeit nicht umsonst. Ich danke für Ihre ungewöhnliche Geduld.

Katzenjammer in Blau

Trotz aller Gravitationsprobleme ist und bleibt das Essen die zweitschönste Sache der Welt. Nun ist es endlich an der Zeit, über die schönste zu sprechen. Minderjährige aber sollten dieses gewagte Kapitel überschlagen, denn schließlich wird Alkohol nicht unter 18 Jahren ausgeschenkt.

Der eine oder andere könnte jetzt enttäuscht sein, aber meiner Meinung nach gebührt der erste Platz dem Trinken, wobei natürlich von geistigen Getränken die Rede ist.

Trinken hat dem Essen nämlich etwas voraus, es macht nicht nur dick, es verblödet auch.

Das belegen ohne Zweifel meine persönlichen Erlebnisse als Nachklang zu Tibis Neujahrsparty.

Wir kreuzten dort etwa um vier Uhr früh auf, und das Fest war noch in vollem Gange. Vermutlich hatte ich eine unheimliche Menge Alkohol in mir. Ich bin und war nie ein Berufstrinker und hatte daher einen hohen Preis für meinen Dilettantismus zu zahlen. Wenn ich glaube, was ich nach dem Fest erzählt bekam, hat die beste Ehefrau von allen mich zornentbrannt verlassen, weil ich angeblich mit einer Grellgeschminkten Wange an Wange getanzt haben soll, und das, um meine

Frau zu zitieren, »in einer Art, daß sich jedem anständigen Menschen dabei der Magen umdrehen mußte«. Ich kann mich an nichts erinnern. Alles, was mein vernebeltes Hirn an Erinnerungen hervorbringt, ist ein Telefonat, das ich am nächsten Morgen von meinem Krankenlager aus führte, während jeder einzelne meiner Knochen seinen eigenen Katzenjammer anstimmte. Ein überdimensionaler Kater stand zwischen mir und meiner Frau. Es schien nicht nur das Ende der Welt, sondern auch das Ende unserer Ehe zu sein.

Das Gespräch lief ungefähr so ab.

Hallo, hallo, hier ist Tibi, flüsterte ich in den Hörer, Blödsinn, dort ist Tibi, hier bin ich. Ich bin noch ein bißchen durcheinander, Tibi, gerade aufgewacht. Ich habe teuflische Kopfschmerzen, und wie geht's dir, mein Freund... Aha, soso... Hör zu, ich rufe an, weil ich nicht sicher bin wegen gestern abend... Sag einmal, Tibi, ehrlich, war ich denn gestern bei dir auf einer Party?

Nein, ich mach' keine blöden Witze, ich kann mich nämlich an nichts erinnern. Au! Ich darf nicht lachen, meine Rippen... Meine Frau sagt, daß ich wie ein Besenbinder gesoffen habe... Vielleicht war's wirklich ein Glas zuviel... Du verstehst, Silvester und so... Ich trinke immer, wenn ich mich fürchte. Wovor? Das weiß ich nicht mehr,

vielleicht war's Angst, daß der Schnaps zu Ende
geht...

Meine Frau? Die beste Ehefrau von allen? Ich
glaube, sie ist allein nach Hause gefahren... Ich
kann sie nicht fragen, sie spricht nicht mit mir...
Aber es war wohl eine großartige Party, oder nicht?
Ich nehme an, daß es eine großartige Party war,
sonst wäre ich doch nicht erst gegen sieben Uhr
nach Hause gekommen... Um neun! Interessant!
Was?...

Auf der Schulter getragen? Mich? Tibi, da fällt
mir ein, habe ich vielleicht einen Schuh bei dir
vergessen? Nur einen, schwarz... ja, braun, das ist
er, möcht' nur wissen, warum ich ihn ausgezogen
habe... Wer, ich? Am Tisch?... Das gibt's nicht,
das kann ich nicht gewesen sein. Ich kann ja gar
nicht Csárdás tanzen... Was, alle Weingläser? Ah,
darum hab' ich mir die Schuhe ausgezogen... Tut
mir leid, das mit der Politur, ehrlich... Warum
hast du mich nicht zurückgehalten?...

Was, nein, an den kann ich mich nicht erinnern,
wußte gar nicht, daß du einen Schwager hast...
Was hab' ich? Mit dem schweren Kerzenleuch-
ter?... Mein Gott! Lebt er noch?... Gott sei Dank!
Du weißt doch, daß ich Gewalt verabscheue...
ja... Vielleicht habe ich gestern meinen Abscheu
überwunden. Das waren die Getränke, ich hätte
nicht soviel... Was, ich? Was soll ich deinem
Schwager gesagt haben?... Das gibt es nicht, ich
kann doch gar nicht Arabisch... Also, das habe ich
sicher nicht wörtlich gemeint... Unmöglich! Ich

habe seine Mutter noch nie gesehen... Sag ihm, daß ich mich tausendmal entschuldigen lasse. Auch bei seiner Mutter... Also dann bei seiner ganzen Familie. Sag ihm, daß ich mich an nichts erinnern kann. Was?

Fußball? Ja, hab' ich einmal ganz gut gespielt, besonders Elfmeter. Früher einmal, hör zu, Tibi, früher einmal, als ich noch Sport trieb, da habe ich... Was für eine Vitrine? Du hast eine antike Vitrine?... Ah, gehabt...

Tibi, alter Freund, ich kann dir gar nicht sagen, wie leid mir das tut, warum, zum Teufel, hast du mich nicht einfach gepackt und, was?... Ich am Lüster? Ich bin doch kein Tarzan... Nein, ich lache doch nicht, ich weiß, daß dein Lüster keine Schaukel ist... Noch ein Glück, daß er nicht heruntergestürzt ist... Er ist?... Wieso Kurzschluß? Mitten in der Party?... Tibi, ich sage doch, man sollte zu solchen Partys immer einen Elektriker mit einladen... Ah, du hast einen eingeladen... Was, ausgerechnet auf seinen Kopf? Man kann mit diesen Lüstern nicht vorsichtig genug sein...

Ja, Tibi, ich weiß, daß ich keinen Alkohol vertrage... Was, alle Gläser ausgetrunken? Ich? Eau de Cologne? Eine ganze Flasche?... Tibi, du weißt, daß man solche Sachen unter Verschluß halten soll. Das hätte mein Tod sein können... Nein, es tut mir leid, wirklich... Über deinen Teppich, einen neuen Teppich? Mein Gott, deine Frau wird mir das niemals verzeihen... Was? Ich mit deiner Frau?

104

Wo?... Sag einmal, Tibi, bist du sicher, daß du mich nicht mit irgendwem verwechselst? Ich bin der mit der Brille und den schwarzen, nein, blonden... warte einen Augenblick... mit den grauen Haaren... Tibi, du kennst mich und weißt, daß ich vor deiner Frau die größte Hochachtung habe. Nicht einmal im Traum würde mir einfallen... Was für ein Zippverschluß?... Ganz, herunter? Vor allen Leuten?... Natürlich ist das geschmacklos, aber du bist auch ein bißchen schuld daran, weil du mich nicht gleich gepackt hast. Was?

Goldhamster? Ja, jetzt erinnere ich mich, ein süßer kleiner Kerl... Heiliger Bimbam! Mit dem Käfig? War denn das Fenster nicht geschlossen?... Mach keine Witze, Tibi... Glassplitter?... Nein, ich bin nicht verletzt, glaube ich. Wir müssen noch froh sein, daß unter deinem Fenster gerade niemand vorbeigegangen ist. Oh! Bist du wenigstens versichert?... Mir sagst du das? Was glaubst du, wie ich mir vorkomme...

Du hast recht, du hast vollkommen recht. Genau. Selbstverständlich werde ich für den Schaden aufkommen. Und was das Aufräumen betrifft, so werde ich deinem Dienstmädchen natürlich ein entsprechendes Trinkgeld, was?... Also jetzt übertreibst du! Mit ihr auch?... Ich schwöre dir, Tibi, daß ich nicht einmal weiß, wie dein Dienstmädchen aussieht... Aber ich war doch nicht in deiner Küche... Entschuldige, aber es ist wirklich nicht meine Gepflogenheit, vor wildfremden Frauen auf die Knie zu fallen... Wieso Heiratsantrag? Ich bin

105

doch schon verheiratet!... Frau meiner Träume?
Blödsinn... Bitte, kann ja sein, daß dein Dienstmädchen gut aussieht, aber... Mich umbringen?
Ich soll gesagt haben, daß ich mich umbringe,
wenn sie nicht... Aber das ist doch ganz gegen
meine Natur, ich hab' mich noch nie umgebracht.
Was?

Was heißt Gasofen?... Na und, jede Küche hat
einen Gasofen. Ach! Das also war dieser gewaltige
Krach... Ja, ja, ich auch, ich hab' mich schon
gewundert, was heute mit meinen Ohren... Ja,
jetzt kann ich mich erinnern, tschinn-bumm-
krach... Tibi, bitte dich, bring mich nicht zum
Lachen, das tut weh. Wer lacht hier? Ich lache? Ich
weine, Tibi. Ich weine bittere Tränen, vergiß nicht,
daß auch meine Hose gebrannt hat... Was, in
deinem Aquarium?... Die armen Goldfische...
Ich hab' gedacht, tropische Fische sind doch Hitze
gewohnt...

Du hast natürlich recht, Tibi, ich kann dir gar
nicht sagen, wie leid mir das tut, was? Ruß? Alles
schwarz? Am besten mit Terpentin, glaub einem
Fachmann, viel Terpentin und eine harte Bür-
ste... Natürlich ist das viel Arbeit, Ruß ist bekanntlich sehr hartnäckig... Was, ich? Jetzt? Tut
mir leid, Tibi, jetzt nicht, jetzt muß ich im Bett
bleiben, mein Kopf ist kurz vorm Zerplatzen...
Ausgeschlossen, lieber Freund, das kommt nicht
in Frage... Bitte, sei nicht lästig, du bist auf dem
besten Wege, mir die Erinnerung an eine großartige Party zu zerstören...

ERSTGEBORENER
ALS SONDERANGEBOT

Aus den vorhergegangenen Berichten läßt sich mühelos ableiten, daß der Schreiber dieser Zeilen die Haushaltspflichten nicht übermäßig schätzt. Nicht, daß ich etwas gegen Männer im Haushalt hätte. Im Gegenteil, es gibt verschiedene Tätigkeiten, die ich ehrlich mag, zum Beispiel einkaufen. Das war schon immer eines meiner geheimen Hobbys. Hin und wieder schlage ich meiner Frau vor, ihr den Kühlschrank aufzufüllen. In der Regel akzeptiert sie mein Angebot, weil sie auf dem Standpunkt steht, daß es Männersache ist, schwere Einkaufstüten nach Hause zu schleppen. Zugegeben, wenn ich einkaufen gehe, sind die Tüten besonders schwer. Ich bin einfach nicht in der Lage, Lebensmitteln, egal in welcher Form oder Farbe, zu widerstehen, speziell, wenn diese Form und Farbe von Salami annehmen. Die meisten Delikatessenhändler erkennen meine Schwäche und nützen sie in der schamlosesten Weise aus.

Vor einigen Jahren zum Beispiel gab es uns gegenüber ein Delikatessengeschäft. Als ich dort zum erstenmal einkaufen ging, ersuchte ich, gemäß den Anweisungen meiner Frau, Joseph um 100 Gramm Mortadella.

»Gern, mein Herr«, sagte Joseph höflich, »150 Gramm Mortadella.«

Bevor ich noch protestieren konnte, hatte er schon eine massive Portion der würzigen Kostbarkeit auf der Waage:

»Ein kleines bißchen über 200 Gramm. In Ordnung?«

»In Ordnung.«

»Genau genommen sind es 320 Gramm«, erklärte Joseph. »Was dagegen, wenn ich 400 Gramm abwiege? Nein? Hab' ich mir doch gleich gedacht. Wenn Sie sich bitte zur Kasse bemühen würden. Sie bezahlen genau ein halbes Kilo Mortadella.«

Nach sechs Monaten hatten unsere Verkaufsgespräche eine beachtliche Konzentration erreicht:

»Ich hätte gern 100 Gramm Limburger Käse«, teilte ich Joseph mit, worauf dieser den ganzen Block auf die Waage warf und mich fragte:

»Könnten es eineinhalb Kilo sein?«

Mit der Zeit haben Joseph und seine Brüder ihr Geschäft aufgegeben, oder besser gesagt, sie wurden von einem Riesensupermarkt verschlungen. Ich persönlich bin kein Freund von Supermärkten, vor allem deshalb, weil ich mir da drinnen immer vorkomme, als würde ich einen Kinderwagen schieben, eine Tätigkeit, die nicht unbedingt meiner Lebensphilosophie entspricht. Außerdem habe ich bis heute ein Trauma von der frenetischen Kaufhysterie, die in meiner Familie ausbrach, als der erste Supermarkt in unserer Gegend eröffnet wurde.

Drei Tage lang übten meine Frau und ich heroische Zurückhaltung. Dann war es vorbei. Wir hatten gerade noch die Kraft zu einer letzten Vorsichtsmaßnahme. Um nicht das Schicksal einiger unserer Nachbarn zu teilen, die an einem einzigen Einkaufsnachmittag Bankrott gemacht hatten, ließen wir unsere Brieftaschen zu Hause und nahmen statt dessen unseren Erstgeborenen, den allgemein als Rafi bekannten Knaben, in den Supermarkt mit.

Gleich am Eingang herrschte lebensgefährliches Gedränge. Wir wurden zusammengepreßt wie, tatsächlich, da waren sie auch schon:

»Sardinen!« rief meine Frau in schrillem Entzücken und machte einen sehenswerten Panthersatz direkt an den strategisch aufgestellten Verkaufstisch, rund um den sich bereits zahllose Hausfrauen mit Zähnen und Klauen rauften. Die aufgestapelten Sardinenbüchsen hätten zu einer kleinen Weltreise inspirieren können: Es gab französische, spanische, portugiesische, italienische, jugoslawische, albanische, cypriotische und heimi-

sche Sardinen, es gab Sardinen in Öl, in Tomaten-
sauce, in Weinsauce und in Joghurt.

Meine Frau entschied sich für norwegische Sardinen und nahm noch zwei Dosen von ungewisser
Herkunft dazu.

»Hier ist alles so viel billiger«, sagte sie.

»Aber wir haben doch kein Geld mitgenom-
men.«

»In meiner Handtasche war zufällig noch ein
bißchen.«

Und damit ergriff sie eines dieser handlichen
Einkaufsgestelle auf Rädern und legte die elf Sardinenbüchsen hinein. Nur aus Neugier, nur um zu
sehen, was das eigentlich sei, legte sie eine Dose
mit der Aufschrift »Gold-Syrup« dazu. Plötzlich
wurde sie blaß:

»Rafi! Um Himmels willen, wo ist Rafi?«

Wir fühlten uns ungefähr wie ein Elternpaar,
dessen knapp achtzehn Monate altes Kind unter
den Hufen einer einhertrampelnden Büffelherde
verschwunden ist.

»Rafi!« brüllten wir beide. »Rafael! Liebling!«

»Spielwarenabteilung, zweiter Block links«, half
uns ein leidgeprüfter Verkäufer.

Im nächsten Augenblick zerriß ein explosionsar-
tiger Knall unser Trommelfell. Der Supermarkt
erzitterte bis in die Grundfesten und neigte sich
seitwärts. Wir seufzten erleichtert auf. Rafi hatte
sich an einer kunstvoll aufgerichteten Pyramide
von etwa fünfhundert Obstkonserven zu schaffen
gemacht und hatte mit dem untrüglichen Instinkt

des Kleinkindes die zentrale Stützkonserve aus der untersten Reihe herausgezogen. Um unseren kleinen Liebling für den erlittenen Schreck zu trösten, kauften wir ihm ein paar Süßigkeiten, Honig, Schweizer Schokolade, holländischen Kakao, etwas pulverisierten Kaffee und einen Beutel Pfeifentabak. Während ich die Kleinigkeiten in unserem Einkaufswägelchen verstaute, sah ich dort noch eine Flasche Parfüm, ein Dutzend Notizbücher und zehn Kilo rote Rüben liegen.

»Weib!« rief ich aus. »Das ist nicht unser Wagen!«

»Nicht? Na wenn schon.«

Diese Antwort hatte tatsächlich etwas für sich, denn es war kein schlechter Tausch, den wir da machten. Unser neuer Wagen enthielt nämlich bereits eine wohlsortierte Auswahl Käsesorten, Desserts in verschiedenen Farben, Badetücher und einen Besen.

»Können wir alles brauchen«, erklärte meine Frau. »Fragt sich nur, womit wir's bezahlen sollen.«

»So ein Zufall.« Ich wunderte mich. »Eben habe ich in meiner Hosentasche die Pfundnoten entdeckt, die ich neulich so lange gesucht habe.«

Von Gier getrieben, zogen wir weiter, wurden Zeugen eines mitreißenden Handgemenges dreier Damen, deren Einkaufswagen in voller Fahrt kollidiert waren. Inzwischen war Rafi aufs neue verschwunden. Wo war er nur? Wir fanden ihn beim ehemaligen Eierregal.

115

»Wem gehört dieser Wechselbalg?« schnaubte der Obereierverkäufer, gelb vor Wut und Eidotter. »Wer ist für dieses Monstrum verantwortlich?«

Eilig schleppten wir unseren Sohn ab, kauften noch einige Chemikalien für Haushaltszwecke und kehrten zu unserem Wagen zurück, in den inzwischen irgend jemand eine Auswahl griechischer Weine, eine Kiste Zucker und mehrere Kannen Öl geworfen hatte. Um Rafi bei Stimmung zu halten, setzten wir ihn auf die Bank und kauften ihm ein japanisches Schaukelpferd, dem wir zwei Paar reizende Hausschuhe für Rafis Eltern unter den Sattel schoben.

»Weiter!« stöhnte meine Gattin mit glasigen Augen. »Mehr!«

Wir angelten uns einen zweiten Wagen, stießen zur Abteilung »Fleisch und Geflügel« vor und ergriffen mehrere Hühner, Enten und Lämmer, verschiedene Wurstwaren, Frankfurter, geräucherte Zunge, geräucherte Gänsebrust, Rauchfleisch, Kalbsleberpastete, Gänseleberpastete, Dorschleberpastete, Karpfen, Krabben, Krebse, Lachs, einen halben Wal und etwas Lebertran. Nach und nach kamen verschiedene Eierkuchen hinzu, Paprika, Zwiebeln, Kapern, eine Fahrkarte nach Capri, Zimt, Vanille, Vaselin, vasomotorische Störungen, Bohnen, Odol, Spargel, Speisesoda, Äpfel, Nüsse, Pfefferkuchen, Feigen, Datteln, Langspielplatten, Wein, Weib, Gesang, Spinat, Hanf, Melonen, ein Carabinieri, Erdbeeren, Himbeeren, Brombeeren, Blaubeeren, Haselnüsse,

Kokosnüsse, Erdnüsse, Nüsse, Mandarinen, Mandolinen, Oliven, Birnen, auch elektrische, ein Aquarium, Brot, Schnittlauch, Leukoplast, ein Flohzirkus, ein Lippenstift, ein Mieder, Ersatzreifen, Stärke, Kalorien, Vitamine, Proteine, ein Satellit und noch ein paar kleinere Gebrauchsgegenstände.

Unseren aus sechs Wagen bestehenden Zug zur Kassa zu führen, war nicht ganz einfach, weil das Kalb, das ich an den letzten Wagen angebunden hatte, immer zu seiner Mutter zurück wollte. Schließlich waren wir soweit, und der Kassierer begann schwitzend die Rechnung zusammenzustellen. Ich nahm an, daß sie ungefähr dem Defizit der staatlichen Handelsbilanz entsprechen würde, aber zu meinem Erstaunen belief sie sich auf nicht viel mehr als viertausend Pfund. Was uns am meisten beeindruckte, war die Geschicklichkeit, mit der unsere Warenbestände in große, braune Papiersäcke verpackt wurden. Nach wenigen Minuten war alles fix und fertig. Nur unser Erstgeborener, Rafi, fehlte.

»Haben Sie nicht irgendwo einen ganz kleinen Buben gesehen?« fragten wir reihum.

Einer der Packer kratzte sich nachdenklich am Hinterkopf.

»Augenblick. Einen blonden Buben?«

»Ja. Er beißt.«

»Da haben Sie ihn.« Der Packer öffnete einen der großen Papiersäcke. Drinnen saß Rafi und kaute zufrieden an einer Tube Zahnpasta.

»Entschuldigen Sie«, sagte der Packer. »Ich dachte, Sie hätten den Kleinen hier gekauft.«

Wir bekamen für Rafi zwei Pfund dreißig heraus und verließen den Supermarkt. Draußen warteten schon die beiden Lastautos.

Ein Kraut mit Sinn für Humor

Es ist kein Wunder, daß, nachdem alle Lastwagen entrümpelt worden waren, die übrigen Ehemänner aus der Nachbarschaft und ich uns überglücklich schätzten, als der alte Petschik auf einem Ruinengelände hinter dem Supermarkt ein kleines Lebensmittelgeschäft eröffnete. Petschik und sein Kramladen haben sich über Nacht zum Lieblingsaufenthalt der vereinigten Ehemänner unseres Wohnblocks entwickelt.

Ich möchte nun ein aufwühlendes Erlebnis schildern, das ich bei Petschik hatte. Man kann es als eine Art Umwelterforschung betrachten oder auch als botanisches Sprachseminar oder beides.

Es ist müßig zu sagen, daß »Chez Petschik« ein eher ungemütliches Etablissement war, mit etlichen wirr eingeräumten Regalen innen sowie einigen Körben Obst und Gemüse davor. Daß dieses

Mini-Unternehmen in unserer modernen Zeit
überleben konnte, ist vermutlich der Tatsache zuzuschreiben, daß Männer das Schlangestehen vor
einer elektronischen Registrierkasse erniedrigend
finden. Und bei Petschik gibt es keine Kasse, nur
Petschik. Ein weiterer Vorteil gegenüber dem Supermarkt ist der absolute Mangel an Auswahl.
Denn bei Petschik gibt es nur die allernötigsten
Lebensmittel, und auch die nur zu Wochenbeginn.

Der alte Petschik selbst war Angehöriger eines
aussterbenden Stammes, ein freundlicher Bulgare
mit wenig Launen und vielen falschen Zähnen.
Übrigens waren es die Zähne, die das Drama ins
Rollen brachten.

Es war ein Morgen wie jeder andere. Herr Blum
fischte eingelegte Gurken aus einer rostigen
Blechdose, Dr. Shapiro, der Junggeselle, besprach
mit Herrn Geiger, dem Wirrkopf, die Vor- und
Nachteile diverser Waschpulver, und Frau Sowieso, als Repräsentantin des schwachen Geschlechts, vertiefte sich in eine Tomatenkiste.

Da erschien der Fremde. Ein hochgewachsener,
bebrillter Mensch mit einer rabenschwarzen Aktenmappe unterm Arm. Wir Stammkunden
tauschten irritierte Blicke. Was will der hier, fragten wir uns, warum geht er nicht in den neuen
Supermarkt?

Der Fremde steuerte direkt auf Petschik zu und
kommandierte:

»200 Gramm Trüffelpastete und 150 Gramm
geräucherten Truthahn.«

119

Uns verschlug es die Rede. Wo glaubte der Mann denn zu sein, in einem Delikatessengeschäft?

»Hab' ich nicht«, sagte der alte Petschik scheuen Blicks, »keine Paste ... kein Truthahn ...«

Der Fremde hob eine Augenbraue.

»Kein Truthahn? Also, was haben Sie statt dessen zu bieten?«

»Zahnbürste ... bulgarischen Schafskäse ...«

Der alte Petschik hatte, wie erwähnt, viele falsche Zähne. Sowohl zu ebener Erde als auch im ersten Stock. Diese Zähne erzeugten den ungewollten Eindruck, Petschik lache. Auch wenn ihm gar nicht danach zumute war. Es waren einfach die Zähne.

»Also gut«, sagte der Fremde, »dann geben Sie mir eine Schachtel Camembert.«

»Hab' ich leider nicht ... kein Kamberger ...«, und wieder blitzten die großen falschen Zähne.

»Bier?«

»Nur Sodawasser.«

»Cola?«

»Nein.«

Der Fremde verlor die Beherrschung:

»Verdammt«, fluchte er, »was gibt's denn überhaupt in diesem Scheißladen?«

»Oliven«, murmelte der alte Petschik zitternd. »Petersilie ...«

Seine ängstliche Verlegenheit förderte immer mehr lächelnde Zähne zutage. Der Fremde starrte ihn an.

»Sie«, knarrte er. »Können Sie mir sagen, was da so komisch ist?«

»Petersilie . . .«

»Ich frage, was ist an Petersilie so komisch?«

»Der Name«, griff ich ein. »Finden Sie nicht auch, daß er einen merkwürdigen Klang hat? Pe-ter-si-li-e . . .«

Ich mußte einfach in die Bresche springen. Der alte Petschik stand hilflos mit dem Rücken zum Heringsfaß, seine Augen fixierten in stummem Schrecken den Fremden, der ihn mit seiner Brille und der schwarzen Aktenmappe zu bedrohen schien. Unter uns Petschik-Fans entstand plötzlich echte Solidarität. Jeder von uns war bereit, dem Alten in seiner schweren Stunde beizustehen.

Der Eindringling wandte sich mir zu. Petschik seufzte erleichtert auf.

»Komisch?« bellte der Fremde. »Was soll an Petersilie komisch sein?«

Sofort eilte mir Geiger zu Hilfe.

»Sogar der Anblick von Petersilie ist komisch«, behauptete er, »erinnert irgendwie an einen winzigen Regenschirm, den der Sturm umgedreht hat.«

Herr Blum brach in ein irres Gelächter aus und holte ein Bündel des Krautes aus seiner Einkaufstasche, um den Fall zu demonstrieren.

»Bei uns daheim wird über Petersilie immer sehr gelacht«, teilte er mit. »Sie hat so einen kitzelnden Geruch . . .«

»Genau«, pflichtete Frau Sowieso bei, »Petersilie ist unheimlich amüsant.«

»Fürwahr«, griff Shapiro das Stichwort auf, »der Ursprung des Wortes ist das altgriechische ›Petroselinon‹. Das bedeutet: ›einen Stein zum Lachen bringen‹.«

Der Fremde warf Shapiro einen zweifelnden Blick zu, aber offensichtlich konnte er nicht Griechisch.

»Wollen Sie uns weismachen«, schoß ich dazwischen, »daß Sie den epochemachenden Essay von Jones nie gelesen haben: ›Humor von Petersilie bis Peter Sellers‹?«

»Nein«, sagte der Fremde, sich an seine Aktenmappe klammernd, »ich glaube nicht...«

Es stellte sich heraus, daß er uns Profis wehrlos ausgeliefert war. Ich legte einen freundlichen Arm um seine Schultern und nahm ihn zur Seite, während sich der gesamte Petschik-Club um uns versammelte. Ich wage die Behauptung, daß es noch nie so viel Einigkeit unter Menschen gegeben hat.

»Im Mittelalter«, belehrte ich den Eindringling, »nannte man die Pflanze ›Kichergrün‹. Sie war eines der seltensten Gewächse der Welt. Die Monarchen Europas pflegten ein Bündel davon mit purem Gold aufzuwiegen.«

»Daher«, dozierte mein gelehrter Kollege Shapiro, »spricht man heute noch von ›petrifizieren‹, wenn man Werte für die Ewigkeit aufbewahren will.«

Der Fremde zerbröckelte vor unseren Augen.

»Ich«, stotterte er, »ich habe die einschlägige Literatur nicht gründlich durchgearbeitet...«

»Undenkbar«, rief ich, von kreativem Schaffens-
drang beflügelt, »Sie müssen doch zumindest den
populären Vers kennen: ›Frau Wirtin pflanzte eine
Lilie, / doch was dann wuchs, war Petersilie. / Was
konnte man da machen? / Die Wirtin samt Familie, / sie wälzte sich vor Lachen.‹«

»Natürlich«, Geiger trat wieder in Aktion, »kennen Sie die klassische Anekdote, wie sich zwei
Petersilien in der Eisenbahn treffen ...«

Der Fremde brach zusammen.

»Verzeihung«, murmelte er, »ich hab’ eine drin-
gende Verabredung ...«

Er ergriff die Flucht.

Wir waren wieder allein mit Petschik und seinen
mißverstandenen Zähnen. Der Alte – Gott segne
ihn – blickte verständnislos in die Runde. Er hatte
nicht die leiseste Ahnung, worum es hier gegangen
war.

»Weißt du was, Petschik«, sagte ich, »jetzt nehme *ich* so ein Bündel ›Kichergrün‹.«

Vielleicht ist wirklich etwas Wahres dran, daß
Petersilie komisch ist.

Der Fluch des Pharao

Wenn Petersilie zu den erheiternden Lebensmitteln gehört, muß auch von den gegentei-
ligen die Rede sein, von den ernsten also. Zu dieser
Gattung gehört ohne Zweifel das jüdische Mazzes,

das oft mit getrocknetem Löschpapier verwechselt wird. Wie bekannt, sind wir zweimal im Verlauf unserer Geschichte aus Ägypten ausgezogen, das erste Mal vor einigen Jahrtausenden und unter der Führung Gottes, das zweite Mal im Zuge des Friedensvertrages von Camp David mit Ägypten und unter amerikanischem Druck.

Die epochale Erfindung des ersten Exodus war das ungesäuerte Brot, korrekt und in der Mehrzahl »Mazzoth« genannt, im Sprachgebrauch »Mazzes«. Begreiflicherweise hatten unsere Vorfahren auf der Flucht aus Ägypten keine Zeit, sich mit der Zubereitung von Sauerteig abzugeben, und zur Erinnerung daran essen wir noch heute während des Passahfestes ausschließlich ungesäuertes Brot, um uns darüber zu freuen, daß wir damals der ägyptischen Sklaverei entronnen sind. Wir freuen uns volle acht Tage, denn so lange dauert das Passahfest. Falls irgend jemand einmal versucht haben sollte, acht Tage lang von Mazzes zu leben, wird er begreifen, warum wir für den Rest des Jahres nur noch auf gesäuertes Brot Wert legen.

An einem dieser Nach-Passah-Tage, einem Mittwoch, wenn ich nicht irre, nein, an einem Dienstag, traf ich meinen Freund Jossele, der unter seinem Arm ein großes, viereckiges, in braunes Packpapier verpacktes Paket trug. Wir gingen ein

Stück miteinander, wobei wir uns über verschiedene Probleme der Philosophie und des schwarzen Marktes unterhielten. Plötzlich blieb Jossele stehen und drückte mir das Paket in die Hand.

»Bitte, sei so gut und halt mir das eine Minute. Ich muß in diesem Haus etwas abholen. Bin gleich wieder da.«

Nachdem ich eine Stunde mit dem Paket in der Hand gewartet hatte, ahnte ich Böses und ging Jossele suchen. Die Bewohner des Hauses, in dem Jossele verschwunden war, waren in heller Aufregung: Jossele hatte die Rückmauer des Hauses mit Gewalt durchbrochen, um die andere Straße zu erreichen. Meine Ahnungen verstärkten sich. Nervös riß ich das braune Packpapier auf und fand darin eine Schachtel Mazzes mit dem unversehrten Siegel des Rabbinats.

Josseles Vorgehen war mir zunächst unerklärlich. Was hatte ihn zu seiner Verzweiflungstat bewogen? Vor allem aber, was sollte ich mit den Mazzes anfangen? Ich brauchte sie nicht. Ich hatte noch sechs Schachteln zu Hause.

Kurz entschlossen verpackte ich die Mazzes möglichst unauffällig und näherte mich einem der Hausbewohner:

»Entschuldigen Sie«, sagte ich. »Könnten Sie das einen Augenblick halten?«

Der Mann drückte das Paket gegen sein Ohr, ein verräterisches Knacken folgte, und er riß die Verpackung wieder auf.

»Dachte ich's doch!« rief er triumphierend. »Da

sind Sie aber an den Falschen gekommen, junger Mann. Ich habe selbst noch neun Pakete, die ich nicht loswerden kann. Verschwinden Sie mitsamt Ihren Mazzes und lassen Sie sich hier nie wieder blicken!«

Ich begann Josseles Verzweiflung zu verstehen, ja, sie ihm nachzufühlen. Das aber änderte nichts daran, daß ich dieses bröckelige Zeug loswerden mußte.

Im nächsten Park legte ich das Paket unauffällig auf eine Bank und machte mich hastig aus dem Staub. Aber schon nach wenigen Schritten überfielen mich die ersten Gewissensbisse. »Schande über dich«, hörte ich meine traditionsbewußte innere Stimme flüstern. »Läßt man Mazzes in der Wildnis liegen? Dazu sind wir aus Ägypten ausgezogen? Dazu hat uns der Herr aus den Banden Pharaos befreit?«

Aberglauben ist mir fremd. Gewiß, manchmal spucke ich dreimal über meine Schulter, wenn ich eine schwarze Katze unter einer Leiter sehe, aber eigentlich bin ich nicht abergläubisch. Diesmal war es das dumpfe Gefühl eines Unrechts, das mich in den Park zurücktrieb, um nach der verwaisten Mazzesschachtel Ausschau zu halten.

Zu meiner Verblüffung lagen aber jetzt bereits zwei auf der Bank. Irgendein traditionsloser Lump hatte meine kurze Abwesenheit ausgenutzt. Seufzend ergriff ich beide Schachteln. Ich wunderte mich nur, daß ein Jude einem anderen Juden so etwas antun kann.

Zutiefst deprimiert gelangte ich zur Wohnung meines Onkels Jakob, in die ich durchs Küchenfenster einsteigen mußte, weil die Wohnungstür von großen, viereckigen Paketen in braunem Packpapier verbarrikadiert war. Wir plauderten ein Weilchen über dies und das, dann tat ich, als ob mir etwas sehr Dringendes eingefallen wäre, entschuldigte mich ganz plötzlich und sprang aus dem Fenster. Unten auf der Straße schüttete ich mich aus vor Lachen: Meine Mazzes waren jetzt beim guten alten Onkel Jakob gelagert...

Ich war noch keine zehn Minuten zu Hause, als es klopfte. Ein Jemenite stand vor der Tür, schob sechs Schachteln Mazzes herein, warf einen Brief hinterher und verschwand.

»Sende Dir die sechs Schachteln Mazzes, die Du bei mir vergessen hast«, schrieb der gute alte Onkel Jakob. »Möchte Dich nicht berauben. Gib nächstens besser acht.«

Am folgenden Tag mietete ich einen Lieferwagen, schaffte die Pakete zum nächsten Postamt und schickte sie anonym an Schlomoh Haut, der in einem weit entfernten Kibbuz lebt. Ich war sehr stolz auf diesen Einfall.

Ich war aber nicht der einzige, der ihn hatte. Drei Tage später brachte mir die Post, gleichfalls anonym, vierzehn Schachteln Mazzes, vier wurden mir von einer internationalen Transportgesellschaft zugestellt, und durch ein Fenster, das ich unvorsichtigerweise offen gelassen hatte, flogen mir zwei weitere in die Wohnung.

Mit Mühe bahnte ich mir am nächsten Morgen durch Berge von Mazzespaketen den Weg ins Freie. Da erblickte ich einen alten Bettler, der an der Hausmauer ein kleines Schläfchen im Frühjahrssonnenschein hielt. Munter pfeifend pirschte ich mich an ihn heran:

»Haben Sie Hunger, mein Alter? Möchten Sie nicht etwas Gutes essen?«

Der Bettler schaute mich prüfend an.

»Wie viele Schachteln?« fragte er.

»Sechsundzwanzig«, antwortete ich leise. »Kleines Format, dünn, gut erhalten.«

Der alte Bettler dachte nach. Dann entschied er:

»Im allgemeinen bekomme ich zehn Piaster pro Schachtel. Aber bei größeren Mengen gebe ich Rabatt. Macht also zwei Pfund, mit Garantie.«

Ein Ei auf Rädern

Es zeigt sich hier, daß es manchmal leichter ist, ein Lebensmittel zu beschaffen, als es wieder loszuwerden. Das erinnert mich an ein schicksalsschweres Erlebnis, welches natürlich mit Tante Ilka zusammenhängt, und das man auch »Rhapsodie in Gelb« übertiteln könnte.

Mein Schicksal erfüllte sich in einem überbesetzten städtischen Autobus. Es begann damit, daß mein Wagen deutliche Anzeichen von Unwohlsein erkennen ließ. Ich tat, was in solchen Fällen jeder Autofahrer tut, um sich als solcher zu legitimieren: Ich klappte die Kühlerhaube hoch, besichtigte mit Kennerblick die Innereien des Motors, klappte die Kühlerhaube wieder zu und brachte den Wagen zu seinem Lieblingsmechaniker. Dann ging ich zur nächsten Bushaltestelle.

Unterwegs freute ich mich über das schöne Wetter, das ich sonst nicht hätte genießen können. Wie man sieht, hat es auch Vorteile, wenn der Wagen gelegentlich zusammenbricht. Plötzlich kam mir Tante Ilka entgegen. Es hat eben alles auch Nachteile. Sie trug eine Einkaufstasche, aus der ein Karton mit großen, weißen Eiern bedrohlich hervorstand.

»Das sind aber besonders schöne Eier«, sagte ich. Irgend etwas muß man ja schließlich zu Tante Ilka sagen.

»Nicht wahr«, bekräftigte sie stolz. »Nimm dir doch eines.«

Tante Ilka ist seit meinem ersten Buch noch älter geworden, und ihre Geisteskräfte lassen nach. Ich versuchte alle möglichen Ausflüchte, das zu verhindern, erkannte aber bald, daß es gescheiter wäre, das Ei zu nehmen, als den Bus zu versäumen. Ich nahm das Ei und verabschiedete mich. Da ein erwachsener Mensch, der mit einem Ei in der Hand daherkommt, auf seine Umwelt vielleicht ein wenig seltsam wirkt, ließ ich das Ei in meine Aktentasche gleiten.

War schon das ein schwerer Fehler, so beging ich einen noch schwereren, als ich, nach einer Viertelstunde Warten auf den Bus und nach all dem Gedränge beim Einsteigen und im Bus selbst, völlig vergaß, daß sich in meiner Aktentasche ein rohes Ei befand.

Ein leises Splittern erinnerte mich daran.

Ich steckte meine Hand in die Aktentasche, wo sie auf etwas Klebriges traf. Als ich sie herauszog, war sie von kränklich gelber Färbung. Ich versuchte sie mit dem anderen Ärmel abzuwischen, denn ich besitze glücklicherweise zwei Ärmel, und hatte daraufhin außer einer gelben Hand auch noch einen gelben Ärmel. Der Versuch, mit dem Taschentuch in der gelben Hand den gelben Ärmel zu säubern, hatte zur Folge, daß jetzt der größere Teil meiner äußeren Erscheinung gelb war. In meiner rechten Hosentasche mußte sich ebenfalls ein wenig Gelb angesiedelt haben. Schüchtern, wie ich bin, hatte ich alle diese Operationen so unauffällig wie möglich durchgeführt und in der Hoffnung, niemand habe etwas bemerkt.

»Es tropft!« hörte ich direkt hinter mir eine ungehaltene Männerstimme.

Offenbar war Tante Ilkas Original-Ei durch die Nähte der Aktentasche hindurchgesickert und tropfte jetzt auf die wunderschönen, hocheleganten Schlangenlederhalbschuhe meines Hintermanns.

130

»Was ist das, zum Teufel?« fauchte er und rieb das Schlangenleder mit seinem Handschuh ab.

»Es ist ein Ei«, antwortete ich wahrheitsgemäß. »Entschuldigen Sie, bitte.«

Der Mann tat mir von Herzen leid. Das Ei ließ ihn einen ähnlichen Schmerzensweg durchlaufen wie vorher mich: vom Schlangenleder zum Handschuh, vom ersten Handschuh zum zweiten, vom zweiten Handschuh zum Taschentuch und vom Taschentuch – dies allerdings schon unabsichtlich – an die scharf hervorspringende Nase einer knochigen Dame, die unter lautem Gackern die Eierspuren mit ihrem Seidenschal wegzuputzen begann. Nun sind Eierspuren bekanntlich sehr klebefreudig, so daß auf dem Schal in kürzester Zeit ein anmutiges Dottermuster prangte. Die Knochige hielt den Schal zwischen Daumen und Zeigefinger angeekelt von sich weg.

»Ruhe!« Es klang autoritär und befehlsgewohnt von links. »Alles bleibt ruhig! Keine Bewegung!«

Höchste Zeit, daß jemand das Kommando übernahm. Vielleicht war es ein General der Reserve. Die Fahrgäste nahmen Haltung an.

Schon machte ich mir Hoffnungen, daß das Schlimmste vorbei sei, als ich einen unwiderstehlichen Drang zum Niesen verspürte.

Ich mußte ihm nachgeben und griff instinktiv nach meinem Taschentuch.

Rings um mich entstand Panik.

»Rühren Sie mich nicht an!« kreischte eine dicke Frau, als hätte ich mich ihr unsittlich genähert. Auch die übrigen Fahrgäste gingen auf feindselige Distanz. Allmählich kam ich mir wie ein Aussätziger vor.

»Hören Sie, Mann«, sagte der General, der mit seinen zwei gelben Streifen auf der Stirne wie ein indianischer Medizinmann aussah. »Möchten Sie nicht den Bus verlassen?«

»Fällt mir nicht ein«, gab ich wagemutig zurück. »Ich habe noch drei Stationen zu fahren.«

Aber die Menge schlug sich auf die Seite des Generals und brach in laute Aufmunterungsrufe aus, als er, vom Schlangenleder unterstützt, Anstalten traf, mich gewaltsam aus dem Bus zu befördern. Wieder einmal stand ich allein gegen die öffentliche Meinung.

Da schritt ich zur Tat. Blitzschnell tauchte ich meine Hände in die Aktentasche, erst die rechte, dann die linke, und hielt sie tropfend hoch:

»So, jetzt könnt ihr mich hinauswerfen«, rief ich.

Murrend wich der Mob zurück. Ich hatte den Wagen in meiner Gewalt. Gebt mir einen Korb mit rohen Eiern, und ich erobere die Welt.

Aus der Schar der angstvoll Zusammengedrängten ertönten zaghafte Stimmen:

»Bitte, lieber Herr«, baten sie. »Würden Sie so gut sein und wenigstens die Aktentasche wegtun? Bitte!«

»Na schön. Warum nicht.«

An meinen Großmut hat noch niemand vergebens appelliert. Ich bückte mich nach der Aktentasche.

In diesem Augenblick fuhr der Bus über ein Schlagloch.

Im Vergleich zu dem, was nun folgte, ist eine Slapstickposse aus Stummfilmzeiten ein klassisches Trauerspiel. Ich sprang ab und überließ den Bus seiner klebrigen Weiterfahrt.

»Guter Gott.« Die beste Ehefrau von allen schüttelte fassungslos den Kopf, als ich zu Hause ankam. »Was ist geschehen?«

»Tante Ilka«, sagte ich, stürzte ins Badezimmer und blieb eine halbe Stunde lang unter der Dusche, voll bekleidet, mit Aktentasche.

Auf die alte Frage, ob zuerst das Ei da war oder die Henne, weiß ich auch heute keine Antwort. Ich weiß nur, daß ich in einem öffentlichen Verkehrsmittel lieber mit einer Henne fahren würde als mit einem Ei.

Der kulinarische Rufmord

»Sie werden bei uns essen wie zu Hause.«
»Kann es nicht etwas Besseres sein?«

So lautet der Standarddialog zwischen dem Autor und dem Oberkellner in unserem Stammlokal. Warum gehen wir nicht gleich ins beste Lokal am Platz. Weil es pleite gegangen ist.

Es war an jenem besonderen Dienstag, als Jossele und ich wieder einmal in unserem Café saßen und wie üblich nicht wußten, was wir mit dem angebrochenen Abend beginnen sollten. Am Nebentisch flüsterte Rudi zweideutige Witze in Schlomos Ohr, und zwar flüsterte er so, daß im Umkreis von zehn Metern sämtliche Damen erröteten. Früher einmal war das ein anständiges Kaffeehaus.

Nach einer Weile wandte sich Schlomo mit der bekannten Frage an uns alle:

»Wie wär's, wenn wir irgendwohin essen gehen?«

Die allgemeine Zustimmung gipfelte in der Frage:

»Ja, aber wohin?«

Es besteht kein Zweifel daran, daß diese Frage schon seit längerem unsere Generation beschäftigt: Wohin gehen wir? In diesem Fall: Was ist aus all den guten Restaurants geworden?

Rudi raffte sich zu einem konkreten Vorschlag auf:

»Versuchen wir's doch mit dem neuen rumänischen Lokal auf der Pferdestraße.«

»Ohne mich«, widersprach Jossele. »Eine unmögliche Kneipe. Miserables Essen, dreckige Tische, elende Bedienung. Dort kann man nicht hingehen.« Schlomo bestätigte:

»Stimmt. Das hört man von allen Seiten. Na, wir werden schon etwas finden.«

Damit erhoben sich die beiden und verschwanden in der Dunkelheit.

Als sie außer Sichtweite waren, stand auch Jossele auf:

»So, und wir gehen jetzt zum Rumänen.«

Ich wunderte mich:

»Aber du hast doch gerade gesagt...«

Jossele schüttelte den Kopf und zog mich wortlos mit sich fort.

»Der alte Pioniergeist ist tot«, erklärte er mir unterwegs. »Er wurde durch den sogenannten Eskimo-Effekt ersetzt, der seinen Namen dadurch hat, daß die Zahl der Eskimos in der Arktis ständig anwächst, während die Zahl der Seehunde, von denen sie leben, ständig abnimmt. Was kann man daraus schließen? Entdeckt ein Eskimo eine neue Seehundkolonie, so wird er das nicht weitererzählen, sondern wird seine Entdeckung für sich behalten. Noch mehr, er wird die anderen Seehundjäger in eine falsche Richtung schicken. Verstehst du, was ich meine?«

»Nein.«

»Ich meine, verstehst du die Nutzanwendung für unsere Situation?«

»Eben nicht.«

»Ist doch ganz einfach. Wenn jemand in unserem kleinen Land ein halbwegs brauchbares Restaurant entdeckt, spricht sich das in längstens zwei Wochen herum, und die Entdeckung kann wieder gestrichen werden. Das Lokal ist überfüllt, heiß und lärmend. Du bekommst keinen Platz. Wenn du ihn trotzdem bekommst, mußt du eine halbe Stunde lang warten, bevor du überhaupt

bedient wirst, und dann eine weitere halbe Stunde
zwischen jedem Gang. Du hast den Ellbogen deines Nachbarn in deinen Rippen, seine Gabel in
deinem Teller und sein Messer in deinem Rücken.
Aus allen diesen Gründen muß der verantwor-
tungsvolle israelische Bürger den Eskimo-Effekt
anwenden. Er muß das von ihm entdeckte Restaurant in einen möglichst schlechten Ruf bringen,
damit es nett und gemütlich und auf gutem kulinarischen Niveau bleibt. Als der bekannte Rabbiner-
sohn Karl Marx vom Umschlag der Quantität in
Qualität sprach, meinte er die rumänischen Restaurants. Verstehst du jetzt?«

»Allmählich.«

»Proletarische Wachsamkeit«, fuhr Jossele fort,
»ist auch in anderen Zusammenhängen erforder-
lich. Zum Beispiel darfst du einen guten Zahnarzt
niemals weiterempfehlen, oder du sitzt bald darauf
stundenlang in seinem Wartezimmer. Und wenn
du über den billigen Schneider, den du endlich
gefunden hast, nicht in den wildesten Tönen
schimpfst, wirst du ihn dir nach ein paar Monaten
nicht mehr leisten können.«

»Jetzt fällt mir auf«, sagte ich nachdenklich,
»daß meine Frau, wenn sie Freundinnen zu Besuch hat, immer darüber jammert, daß ihr Friseur
nichts taugt.«

Jossele nickte:

»Ein klarer Fall von Eskimo-Effekt.«

Wir hatten die Pferdestraße erreicht. Gerade als
meine Magennerven sich auf rumänische Speziali-

täten einzustellen begannen, sahen wir zu unserer peinlichen Überraschung von der anderen Seite Rudi und Schlomo herankommen.

»Wieso seid ihr hier?«

Es war nicht festzustellen, wer von uns vieren das als erster ausrief. Wahrscheinlich waren es alle.

Was uns aber noch peinlicher überraschte, das Restaurant war geschlossen. Wir trommelten mit den Fäusten gegen den Rollbalken, vergeblich. Endlich tauchte in einem Fenster ein Bewohner auf:

»Hat keinen Sinn«, rief er uns zu. »Der Rumäne ist pleite gegangen. Alle Welt hat über den armen Kerl so schlecht gesprochen, daß keine Gäste mehr kamen. Und es war das beste Restaurant in der ganzen Stadt.«

Betrübt kehrten wir um.

»Wer hätte gedacht«, sagte Jossele nach längerem Schweigen, »daß es bei den Eskimos auch Bumerangs gibt?«

Feuerschlucker lieben Suppen

Jetzt aber wollen wir uns einem Problem zuwenden, das nichts mit guten oder schlechten Restaurants zu tun hat, sondern Ewigkeitswert besitzt.

Ich liebe nämlich Suppen.

Sicher, auf die massiven sozialen Veränderungen haben derlei gastronomische Lappalien keinen Einfluß. Aber ihre menschliche Bedeutung soll man nicht unterschätzen.

Soviel ich sehen kann, ist die Menschheit in zwei rivalisierende Lager geteilt: Das eine Lager nimmt vor der Hauptmahlzeit eine Suppe zu sich, das andere nicht. Daneben gibt es noch ein paar Außenseiter, die eine Suppe bereits als Hauptmahlzeit empfinden. Zu dieser kleinen, aber fanatischen Schar gehöre auch ich. Aus einer edlen Consommé mit zarten, goldenen Fettäuglein duften mir alle Wohlgerüche kulinarischer Poesie entgegen, und schwimmen gar noch zwei oder drei Leberknödelchen darinnen, dann ist für mich der Gipfel der Kochkunst erreicht.

»Wer Suppen liebt, kann kein schlechter Mensch sein«, soll irgend jemand gesagt haben. Es war, glaube ich, ein Suppenfabrikant.

Die Sache hat nur einen einzigen Haken: Suppen sind heiß. Sie sind nicht nur heiß, sie sind, um die volle Wahrheit zu sagen, viel zu heiß. Immer viel zu heiß.

Diese Feststellung ist das Ergebnis langjährigen Forschens und harter persönlicher Erfahrung. Noch nie und noch nirgends, sei es in Restaurants, in Privathäusern, in Klöstern oder wo immer, bin ich einer Suppe begegnet, die nicht schon beim ersten Löffel im Mund und auf der Zunge Blasen erzeugt hätte, wie sie bei Verbrennungen dritten

Grades aufzutreten pflegen. Es ist eine wahrhaft höllische Situation. Die Suppe steht vor dir, dampfend, wohlriechend, appetitlich, alle deine Magensäfte und Magennerven sind auf sie eingestellt, freuen sich auf sie, lechzen nach ihr – und können sie nicht genießen, weil sie zu heiß ist und dir die Lippen verbrennt.

Ich wurde mit diesem Problem bereits im Alter von drei Jahren konfrontiert. Es war eine knallrote Tomatensuppe, die mir die ersten Brandwunden meines Lebens zufügte. Damals machte mich meine gute Mutter mit dem altehrwürdigen Ritual des Umrührens vertraut, und seither rühre ich um, manchmal so lange, bis mein rechter Arm durch einen Muskelkrampf gelähmt wird.

Wenn ich nicht irre, war es in dem freundlichen, für seine Gulaschsuppe berühmten Städtchen Kiskunfélegyháza, als sich diese berühmte Gulaschsuppe durch mein Umrühren in eine kompakte, zementartige Masse verwandelte, aus der sich der Löffel nicht mehr herausziehen ließ. Es war ein fürchterliches Erlebnis.

Derartige Erlebnisse haben mich zu einem scheuen, schreckhaften, introvertierten Kind gemacht. Mein ganzes junges Leben lang sehnte ich mich nach einer Suppe mit genießbarer Temperatur, aber meine Sehnsucht blieb unerfüllt. Jede

Suppe, die ich bekam, war zu heiß. Aus großen, verstörten Augen blickte ich in die Welt und fragte:

»Warum?«

Es kam keine Antwort.

Sie ist noch immer nicht gekommen. Offenbar haben sich die Menschen mittlerweile an den vulkanischen Ursprung der Suppe und damit auch an die Tätigkeit des Umrührens gewöhnt. Sie betreiben es automatisch, mit jenem geistesabwesenden Gesichtsausdruck, den man bei Sträflingen auf ihrem Rundgang im Gefängnishof beobachten kann. Nach konservativen Schätzungen verbringt jeder Mensch ingesamt ein Jahr seines Lebens mit dem Umrühren von Suppen. Das bedeutet einen Verlust von Millionen Arbeitsstunden für die Volkswirtschaft. Und was tut die Regierung dagegen? Sie erhöht die Steuern.

Ein einziges Mal in meinem Leben, ich werde ewig daran denken, es war ein kleines italienisches Gasthaus, ein einziges Mal wurde mir eine Suppe serviert, die man tatsächlich sofort essen konnte, eine Minestrone. Sie war nicht zu heiß, sie war warm, sie war gerade richtig, vielleicht war sie schon in dieser Temperatur aus der Küche gekommen, vielleicht hatte der geriebene Parmesan, den ich darüber gestreut hatte, eine Temperatursenkung bewirkt, ich weiß es nicht und werde es nie erfahren. Kaum hatte ich den ersten Löffel zum Mund geführt, sprang der Kellner auf mich zu und riß mir den Teller weg:

»Die Suppe ist irrtümlich nicht gewärmt worden. Entschuldigen Sie, Signor.«

Als er sie zurückbrachte, konnte ich sein Gesicht nicht sehen, weil es von dichten Dampfwolken verhüllt war. Und als ich den ersten Löffel der gewärmten Suppe an die Lippen setzte, ließ ich ihn mit einem leisen Schmerzensschrei fallen. Die Flüssigkeit ergoß sich auf das Tischtuch. Ein kleines Brandloch blieb zurück.

Und zu Hause? Wenn eine Fliege die Unvorsichtigkeit begeht, ihren Weg über den Topf zu nehmen, in dem die beste Ehefrau von allen eine Suppe kocht, fällt das bedauernswerte Insekt mit versengten Flügeln hinein, wie einst Ikarus, als er der Sonne zu nahe kam.

Aus der Physikstunde wissen wir, daß Wasser bei 100 Grad Celsius kocht. Die Pilzsuppe, die ich neulich zu Mittag serviert bekam, hatte eine Temperatur von 150 Grad im Schatten.

»Warum, um des Himmels willen, machst du die Suppe immer so heiß?« lautet meine ständige, ebenso verzweifelte wie erfolglose Frage am Beginn jeder Mahlzeit. »Suppen müssen heiß sein«, antwortet stereotyp die beste Ehefrau von allen. »Wenn sie dir zu heiß ist, rühr um.«

Manchmal in meinen Träumen erscheint mir der Neandertaler, wie er zwei Steine gegeneinander schlägt und das Feuer entdeckt. Und wenn die Flamme hochzüngelt, lallt er mit wulstigen Lippen: »Suppe... Suppe...«

Aber ich gebe nicht auf. Ich setze meinen Kampf gegen dieses Tabu fort. Im Restaurant versäume ich niemals, dem Kellner, bei dem ich die Suppe bestelle, laut und deutlich einzuschärfen:

»Bitte nicht zu heiß. Bitte keine brodelnde Suppe. Die Suppe soll in der Küche kochen, nicht auf dem Tisch.«

Der Kellner sieht glasigen Blicks durch mich hindurch, verschwindet, kehrt hinter einer Feuersäule zurück und stellt sie vor mich hin.

»Ich habe Sie doch gebeten, mir keine brennend heiße Suppe zu bringen!«

Aus Rauchschwaden dringt die Stimme des Kellners an mein Ohr:

»Heiß? Das nennen Sie heiß?«

Wenn ich ihn bitte, das nachzuprüfen und den Finger hineinzustecken, lehnt er ab. Begreiflich. Der Mann braucht die Hand für seinen Beruf und kann keine Brandwunden riskieren.

Neuerdings versuche ich es mit Eiswürfeln, die ich gleichzeitig mit der Suppe bestelle, oder ich gieße ein wenig kaltes Bier in den Teller. Natürlich ist es dann keine Suppe mehr, es ist eine übelriechende Flüssigkeit von undefinierbarer Farbe und ebensolchem Geschmack, aber sie ist wenigstens nicht zu heiß.

So werde ich älter und älter, die Kummerfalten in meinem Gesicht werden tiefer, mein einstmals

aufrechter Gang ist gebückt von der Last des ver-
geblichen Kleinkriegs. Ich habe fast alles erreicht,
was ich erreichen wollte, Erfolg, Ruhm und Aner-
kennung, die Liebe der Frauen, den Neid meiner
Kollegen. Nur eines ist mir versagt geblieben – eine
nicht zu heiße Suppe. Auf meinem Grabstein wird
folgende Inschrift zu lesen sein:

»Hier ruht Ephraim Kishon, der bedeutende
Satiriker (1924–2023). Sein Leben war ein einziges Umrühren.«

HAUPTGANG

Wenn die Löffel fallen

Für jene, die dazu neigen, die Bedeutung einer Suppe zu unterschätzen, soll eine Geschichte erzählt werden, die aus dem wahren Leben gegriffen ist. Das heißt, sie hätte sich wirklich so abspielen können und sie beweist, daß eine Suppe nicht nur der Prolog zu einer Mahlzeit ist, sondern unter gewissen Umständen auch das Vorspiel zu einer politischen Karriere darstellen kann.

Um den dramatischen Ereignissen folgen zu können, muß man wissen, daß bis zu den letzten Wahlen der Abgeordnete Elieser Gurnischt als zuverlässiges, ja geradezu unerschütterliches Mitglied der rechtsgerichteten Regierungspartei galt. Daß seine konservative Haltung der Öffentlichkeit kaum bekannt war, hatte einen einfachen Grund: er selbst war nämlich der Öffentlichkeit kaum bekannt. Selbst im politischen Bereich gab es nur wenige, die von seiner Existenz wußten. Ein einziges Mal hatte er sich im Parlament zu Wort gemeldet und eine längere Rede gegen die allgemeine nationale Indifferenz gehalten, aber der Zufall wollte es, daß sich das Haus gerade zu dieser Zeit leerte, sogar der Parlamentssprecher ging hinaus, um eine Zigarette zu rauchen, und die Fernsehtechniker befanden sich noch immer im Streik.

Als Gurnischt am folgenden Tag im Likud-Parteihaus erschien – wie immer äußerst korrekt gekleidet, dunkler Anzug, weißes Hemd, diskrete Krawatte, ganz im Stil seines konservativen Parteiführers, hatte er das Pech, daß ihn der Generalsekretär der Partei bemerkte. »Wer ist das?« fragte er seinen Gesprächspartner. »Einer unserer Abgeordneten«, lautete die Antwort. »Sitzt seit sieben Legislaturperioden im Parlament. Mehr weiß man nicht von ihm.« Gurnischt, bisher auf Rang 43 der Wahlliste seiner Partei, wurde für die nächsten Wahlen auf Rang 77 abgeschoben. Das Ende seiner politischen Laufbahn schien gekommen.

Und dann passierte die Sache mit der Suppe.

Sie passierte eines Samstags in einem Restaurant, wo Gurnischt mit einigen Gefährten aus der untersten Parteischublade zu Abend aß. Alle, die da saßen und ihre Hühnersuppe löffelten, zeigten sich höchst besorgt über die jüngste demoskopische Umfrage, der zufolge die Chancen der oppositionellen Arbeiterpartei ständig wuchsen.

Um das Thema zu wechseln, fragte einer aus der Runde Gurnischt, ob auch er ein Bankkonto im

Ausland habe. Gurnischt erschrak so heftig, daß ihm der Löffel aus der Hand und in den Teller fiel, von wo ihm eine kleinere Portion Hühnersuppe, garniert mit zwei Nudeln, auf die makellose Krawatte spritzte. Seine Reinigungsversuche mit der Serviette hatten lediglich zur Folge, daß der Fleck sich immer mehr ausbreitete. Gurnischt gab auf, nahm die Krawatte ab, steckte sie in die Tasche und öffnete zu seiner Bequemlichkeit den obersten Knopf seines weißen Hemdes. Dann löffelte er seine Suppe weiter und machte zwischendurch feindselige Bemerkungen über die Linkskoalition.

In diesem Augenblick öffnete sich die Türe. Der Abgeordnete Jakov Slutschkovsky, Säule der Arbeiterpartei, betrat das Restaurant, gefolgt von seinen ständigen Begleitern und einigen Journalisten. Während er einen freien Tisch suchte, fiel sein Blick auf den offenen Hemdkragen, der zu Elieser Gurnischts weißem Hemd gehörte und aus den bürgerlichen Krawatten ringsum wie ein Leuchtfeuer hervorschien.

Slutschkovsky, Routinier und Ränkeschmied, der er war, nahm sofort Witterung. Ein Mann der Rechten mit offenem Hemd, dem traditionellen Habitus der Linksparteien, was hatte das zu bedeuten? fragte er zuerst sich und dann seine Gefolgschaft.

Vielleicht sei dieser Gurnischt gar nicht so konservativ, wie man glaubte, meinte einer.

Ein anderer vermutete, die Rechte wolle sich volkstümlich geben.

»Nichts von alledem«, entschied Slutschkovsky. »Die Rechte wird nervös, das ist es. Wir müssen ihre Nervosität weiter anheizen.«

Und er ging auf Gurnischt zu, um ihm mit einem leutseligen »Wie geht's denn immer, mein lieber Gurnschik?« kameradschaftlich die Hand zu schütteln.

Die am Tisch Sitzenden glotzten. Sie konnten sich diese plötzliche Freundschaftsdemonstration nicht erklären.

Gurnischt, der das ebensowenig konnte, beschränkte sich auf ein undurchdringliches Lächeln.

Zu Hause übergab er seiner Frau, immer noch lächelnd, die fleckige Krawatte.

»Stille Wasser sind tief«, sagte er.

»Und du hast zwei linke Hände«, sagte seine Frau.

Es waren nicht nur seine Hände, die mit dem Begriff »links« in Zusammenhang gebracht wurden. Am nächsten Morgen, die anwesenden Journalisten hatten dafür gesorgt, las man in der Presse von einer beginnenden Annäherung der Linkskoalition an den vom Abgeordneten Gurnischt geführten Flügel der Konservativen. Prompt wurde Gurnischt daraufhin vom Generalsekretär seiner Partei zu einem Gespräch eingeladen, übrigens zum erstenmal seit der Staatsgründung, daß er überhaupt von jemandem eingeladen wurde. Wie das mit diesen Kontakten nach links wäre, wollte der Generalsekretär wissen.

»Ich bitte Sie«, widersprach Gurnischt und wurde vor lauter Bescheidenheit um zwei Köpfe kleiner. »Welche Kontakte kann ein Kandidat mit der Wahllistennummer 77 schon haben?«

»Soll das heißen, daß Sie Ihren Platz auf unserer Wahlliste für aussichtslos halten?«

»Jawohl, genau das soll es heißen.«

In einem plötzlichen Anfall von Selbstbehauptung machte sich Gurnischt Luft, über die Unfähigkeit der Parteiführung, über die interne Cliquenwirtschaft und über all die vielen Mängel und Fehler, die es nicht gäbe, wenn Männer wie er auf der Wahlliste am richtigen Platz stünden. Der Generalsekretär wackelte betreten mit dem Kopf. Er werde sehen, was sich da machen ließe, sagte er.

Als nächstes rief die Säule Slutschkovsky an und schlug eine private Zusammenkunft vor. Sie fand im Säulenheim statt, unter wichtigtuerischer Geheimhaltung und betont formlos. Gurnischt erschien in Leinenhosen und offenem Sommerhemd, was sein Gastgeber mit sichtlicher Befriedigung zur Kenntnis nahm.

»Wir haben Ihre Integrität seit jeher bewundert, lieber Gurnschik«, stellte er einleitend fest. »Und wir respektieren Ihre ideologisch-pragmatische Einstellung zu den Problemen der arbeitenden Bevölkerung.«

Es war, wie man so sagt, ein konstruktives Gespräch von Anfang an. In freundschaftlichem Klima, wie man so sagt.

»Ich war immer ein sozial denkender Mensch«, betonte Gurnischt. »Fragen Sie unsere Putzfrau.«

Auch seiner Wertschätzung für den Führer der Arbeiterpartei gab er beredten Ausdruck. Gewiß, er stimme nicht in allen Punkten mit ihm überein, aber man müsse ihm lassen, daß er eine bedeutende Persönlichkeit sei. »Es wäre durchaus denkbar, daß ich aus dieser Tatsache unter Umständen auch politische Konsequenzen ziehe«, schloß er.

Slutsch, wie seine Freunde ihn nannten, berichtete am nächsten Tag der Parteizentrale, daß man hier vielleicht eine Bresche in den Rechtsblock schlagen könnte.

»Schlagen Sie«, sagte die Zentrale.

Der Generalsekretär der Konservativen bekam Wind von der Sache, berief Gurnischt zu sich und bot ihm den 57. Platz auf der Wahlliste an, als Gegenleistung für eine eindeutige Erklärung in den Massenmedien, mit der Gurnischt allen Gerüchten über seinen Flirt mit der Arbeiterpartei

und über die Bildung einer nach links tendieren-
den Splittergruppe ein- für allemal ein Ende setzen sollte.

»Es ist mein heiliger Grundsatz, daß man seine
Überzeugung nicht um eines persönlichen Vorteils
willen aufgeben darf«, betonte Gurnischt.

»Etwas anderes«, und mit diesen Worten entließ
ihn der Generalsekretär, »haben wir von einem
Mann, der auf unserer Wahlliste den 37. Platz
innehat, auch nicht erwartet.«

Unterdessen beschäftigten sich die Zeitungen
immer ausführlicher mit der Geheimsitzung im
Hause Slutschkovskys. Überschriften wie: »Spaltet
Gurnischt den Rechtsblock?« oder: »Gurnischt auf
Zickzackkurs nach links« veranlaßten schließlich
die Parteiführung, dem Unbotmäßigen ein gehar-
nischtes Ultimatum zu stellen: »Entweder«, so
hieß es, »brechen Sie Ihre Kontakte zur Linkskoalition ab, oder wir müßten Ihnen Platz 17 auf
unserer Wahlliste wieder entziehen.«

Jetzt endlich besann sich Gurnischt auf seine
Parteidisziplin, was ihn jedoch nicht hinderte, weiterhin mit offenem Hemdkragen in der Öffentlichkeit zu erscheinen und seinem Freund Slutschkovsky, wenn er ihm in einem Restaurant oder
sonstwo begegnete, herzlich zuzuwinken. Seine
politische Zukunft scheint in jedem Fall gesichert.

Es dürfte wohl der erste Fall in der Geschichte
des Parlamentarismus sein, daß eine Persönlichkeit des politischen Lebens unter der Einwirkung
von Hühnersuppe Karriere gemacht hat.

Die Küche als Wohngemeinschaft

Verlassen wir die Restaurants und gehen wir endlich nach Hause. Die heimische Küche hat unschätzbare Vorteile: Erstens ist sie zweifellos preisgünstiger, außerdem gibt es keine Garderobenpflicht, und die Ehefrau erwartet zumeist kein Trinkgeld.

Das einzige Manko an der häuslichen Küche sind die Ameisen.

Die Ameise zählt sicherlich zu den intelligentesten unter Gottes Insekten. Aber was heißt das: »die« Ameise? Es gibt ja nicht nur eine. Es gibt Billionen, Trillionen oder noch etwas mehr. Abzüglich der drei, die wir gestern in der Küche umgebracht haben. Der Rest hat sich neu gruppiert.

Ebenerdige Wohnungen wie unsere haben nämlich einen Vorteil und einen Nachteil. Der Vorteil ist, daß man keine Stiegen steigen muß. Der Nachteil, daß auch die Ameisen keine Stiegen steigen müssen.

Jeden Morgen überschreitet in diesem Sinne eine Armee von Ameisen unsere Schwelle, kriecht die Küchenwand hinauf, bis sie den Brotkorb erreicht hat, und verteilt sich über die Spülbecken.

Von diesen Standorten beginnt ein nimmermüdes Kommen und Gehen, das den ganzen Tag lang anhält, zweifellos nach einem wohldurchdachten System, von dem wir aber nichts weiter zu sehen bekommen als die Ameisen. Und bei uns gibt es besonders ameisenreiche Sommer.

»Nur ein paar von ihnen zu erschlagen, hilft nichts«, entschied die beste Ehefrau von allen. »Man muß das Nest aufspüren.«

Wir verfolgten die Prozession in entgegengesetzter Richtung. Sie führte in den Garten, verschwand kurzfristig unterm Gesträuch, kam wieder an die Oberfläche und verlief im Zickzack nach Norden.

An der Stadtgrenze hielten wir inne.

»Sie kommen von auswärts.« Schwer atmend drehte meine Frau sich um. »Aber wie haben sie den Weg in unsere Küche gefunden?«

Solche Fragen kann natürlich nur die Ameisenkönigin beantworten. Die arbeitenden Massen vertrauen ihren Gewerkschaftsführern, erfüllen ihr Arbeitspensum und schleppen ab, was abzuschleppen ist.

Nach einigen Tagen sorgfältiger Beobachtung kaufte meine Frau ein im Fernsehen beworbenes Insektenpulver und bestreute die Ameisenstraßen von der Hausschwelle bis zur Speisekammer und weiter hinauf. Am nächsten Morgen kamen die Ameisen nur langsam vorwärts, weil sie die vielen kleinen Pulverhügel übersteigen mußten. Eine andere Wirkung zeigte sich nicht. Als nächstes setzten wir eine Insektenspritze ein. Die Vorhut fiel, die Hauptstreitkräfte marschierten weiter. »Sie sind sehr widerstandsfähig, das muß man ihnen lassen«, stellte meine psychologisch geschulte Gattin fest und wusch die ganze Küche mit Karbol. Zwei Tage lang blieben die Ameisen weg. Wir auch. Nach Abschluß der kurzen Feuerpause erschienen die Ameisenregimenter in voller Stärke und legten noch größeren Eifer an den Tag. Unter anderem entdeckten sie den Tiegel mit der Zwetschgenmarmelade. Sie haben nie wieder einen anderen Weg gewählt.

Die beste Ehefrau von allen distanzierte sich von ihren anfänglichen Grundsätzen und begann, die Ameisen einzeln zu töten, Dutzende an jedem Morgen. Dann ließ sie es sein.

»Es kommen immer neue«, seufzte sie. »Eine unerschöpfliche Masse. Wie die Chinesen.«

Irgend jemand gab ihr einen Tip: Angeblich können Ameisen den Geruch von Gurken nicht vertragen. Am nächsten Tag war unsere Küche mit Gurken gepflastert, aber die Ameisen hatten die Neuigkeit offenbar nicht gehört und nahmen ihren Weg nach kurzem Schnuppern zwischen den Gurken hindurch. Einige kicherten sogar. Wir riefen das Gesundheitsamt an und baten um Rat:

»Was tut man, um Ameisen loszuwerden?«

»Das möchte ich selbst gerne wissen«, antwortete der Beamte. »Ich habe die Küche voller Ameisen.«

Nach ein paar weiteren, kläglich gescheiterten

Abwehrversuchen entschlossen wir uns, den ungleichen Kampf aufzugeben. Während wir frühstücken, zieht die Ameisenprozession an uns vorüber und nimmt die gewohnten Stellungen ein, ohne uns weiter zu stören. Wir brauchen uns nicht darum zu sorgen, ob alles in Ordnung ist. Es ist alles in Ordnung. Die Ameisen gehören zum Haus. Sie kennen uns bereits und behandeln uns mit reservierter Höflichkeit, wie es unter Gegnern, die gelernt haben, einander zu respektieren, üblich ist.

Triumph einer tollkühnen Fliege

Mit der Infanterie der Ameisen haben wir also Waffenstillstand geschlossen, aber die Luftwaffe bereitet uns in der Küche weiterhin Probleme.

In unauslöschlicher Erinnerung bleibt mir jener schicksalsschwere Tag, als ich mir einen Toast dick mit hausgemachter Erdbeermarmelade beschmierte und plötzlich ein scharfes Summen hörte. Es klang wie »s-s-s«. Gleich darauf landete eine kleine Fliege auf meinem Frühstück und begann daran zu naschen.

Da wir unsere Wohnung seit zwei Wochen gegen die sommerliche Fliegenplage hermetisch abgeschlossen hatten, mußte die kleine Fliege in der Eßecke geboren worden sein. Ich hatte es also mit dem seltenen Exemplar eines Ureinwohner-Insekts zu tun, was mich jedoch nicht hinderte, es von meinem Toast zu verjagen. Was wiederum den Ureinwohner nicht hinderte, nach einigen fröhlich durchsummten Runden zurückzukehren. Ich wurde ein wenig nervös, trat ans Fenster und besah mir das eingeborene Wesen etwas genauer. Ob es männlichen oder weiblichen Geschlechts war, konnte ich nicht feststellen, dazu kam ich nicht nahe genug heran. Als ich meinen Toast mit der Hand schützte, setzte sie sich auf meine Hand, und als ich sie von meiner Hand verjagen wollte, setzte sie sich auf mein linkes Ohr.

Ich beschloß, die Fliege zu töten. Zwar bin ich ein Gegner der Todesstrafe, aber das Leben ist hart geworden, besonders im Sommer.

Natürlich mußte ich mein Vorhaben in aller Ruhe ausführen, gelassen, kaltblütig, ohne übertriebenen Aufwand. Ich durfte nicht etwa wild um mich schlagen oder am Tötungsakt besonderes Vergnügen empfinden. Es galt zu warten, bis der Ureinwohner sich in Reichweite meiner Hand befände, und ihm sodann mit einer blitzschnellen Bewegung den Garaus zu machen. Dazu war nichts weiter nötig als ein wenig Geistesgegenwart und ein wenig Erdbeermarmelade auf meine Hand zu schmieren.

Mindestens zehnmal hatte die Fliege meine

158

klebrige Hand umkreist, mindestens zehnmal entkam sie mir wieder und setzte sich geistesgegenwärtig und reaktionsschnell auf mein linkes Ohr. Wiederholt hatte ich den Eindruck, daß ich sie im Hohlraum meiner Faust erwischt hätte und daß eine andere Fliege an die Stelle des gefallenen Kameraden getreten wäre, wie einst die Grenadiere bei Napoleon, aber es war immer dieselbe Fliege. Ich erkannte sie an ihren großen Augen und ihrem hämischen Grinsen.

Ohne meine Selbstbeherrschung zu verlieren, begab ich mich, unter Mitnahme der Fliege, in die Küche, suchte und fand die gesuchte Fliegenklatsche und kehrte in die Eßecke zurück, Klatsche in der Hand, Fliege am Ohr, neue Schwierigkeiten. Es bedurfte also einer klügeren Taktik. Ich scheuchte die Fliege in den Raum und schrie in ungarischer Sprache auf sie ein, wovon ich mir einen lähmenden Effekt versprach. Er kam nicht zustande. Nach einem ungefähr viertelstündigen Luftgefecht war die Bilanz eine zerbrochene Teekanne, eine umgestürzte Milchflasche, eine von der Wand gefallene Pendeluhr und ein leicht geschwollenes linkes Ohr.

Eine Kompromißlösung schien mir ratsam. Ich erinnerte mich an meine Tante Selma, die in Budapest einen Frisiersalon geführt hatte. In einer Ecke ihres Salons stand während der Sommermonate immer eine mit gestoßenem Zucker gefüllte Schüssel, in der sich die fliegenden Ungeheuer zu sammeln pflegten. Eine solche Schüssel stellte ich jetzt auf meinen Tisch, fügte zur besseren Verdaulichkeit ein paar Wassertropfen hinzu und wartete. Tatsächlich verließ die Fliege sofort mein Ohr, sauste im Sturzflug auf die Schüssel nieder, nahm eine Portion Staubzucker und kehrte auf mein Ohr zurück, wo sie ihre Beute geruhsam zu konsumieren begann. Sobald sie aufgegessen hatte, besorgte sie sich auf demselben Weg neuen Vorrat. Nach dem vierten oder fünften Sturzflug hatte ich ihre Landungsintervalle berechnet und holte mit meiner Fliegenklatsche zu einem genau kalkulierten Schlag aus. Das Wegkehren der Tellerscherben dauerte nur wenige Minuten.

Ein wankelmütiger Charakter wäre an meiner Stelle vielleicht in Panik verfallen. Ich nicht. Ich schaltete auf psychologische Kriegsführung um.

Die Fliege, muscida vulgaris, das weiß jeder halbwegs Gebildete, wird auf geheimnisvolle Weise vom Licht angezogen und ist in der Dunkelheit völlig verloren. Also verdunkelte ich die Eßecke und öffnete beide Fensterflügel, in der sicheren Zuversicht, daß das Sonnenlicht meinen ureingeborenen Plagegeist ins Freie locken würde. Obendrein zog ich ein dunkles Tuch über meinen Kopf, um der Fliege das Verlassen meines linken Ohrs zu erleichtern. Nach einer kleinen Weile sprang ich zum Fenster, schloß es mit einem Ruck und wandte mich um.

Das Zimmer war voller Fliegen.

Bei zwei Dutzend hörte ich zu zählen auf, weil ich mich fragen mußte, ob ich nicht vielleicht eine

Fliege zweimal gezählt hatte. Meine eigene, mit Erdbeermarmelade genährte erkannte ich mühelos daran, daß sie sich immer wieder mit höhnischem Summen auf meinem linken Ohr niederließ.

Als letztes Mittel bot sich Fliegen-Spray an. Da alles auf dem Spiel stand, las ich vorher die Gebrauchsanweisung:

»Flit säubert das Haus von Insekten. Für Menschen und Haustiere ist es ungefährlich. Um das bestmögliche Ergebnis bei der Bekämpfung von Fliegen zu erzielen, sollte man alle Türen und Fenster schließen, Lebensmittel wegräumen und alle Räume in allen Richtungen besprühen. Nach ungefähr zehn Minuten sind die Fenster wieder zu öffnen und die toten Fliegen hinauszukehren.«

Ich handelte nach Vorschrift. Ich verriegelte Fenster und Türen, warf alles in den Kühlschrank und besprühte das Hausinnere bis zum letzten Tropfen. Dann setzte ich mich im Sinne der Gebrauchsanweisung für zehn Minuten hin, die Urfliege immer noch auf meinem Ohr.

Nach ungefähr fünf Minuten wurde mir in dem engen, muffigen, übelriechenden Raum übel. Nach weiteren zwei Minuten litt ich an Atemnot, bekam keine Luft mehr und glitt zu Boden. Mit letzter Anstrengung schleppte ich mich zur Küchentür.

Aber da waren die zehn Minuten schon vorbei. Die Fliegen öffneten die Fenster und kehrten mich hinaus.

DAS BLINDE-KUH-SPIEL

Wer derartige häusliche Kampfhandlungen vermeiden möchte, kann jederzeit aufstehen und wieder ein Spitzenrestaurant aufsuchen. Da stört ihn keine Fliege, da sie alle in der Suppe sind.

Hier hingegen hat man sich einem Problem aus den Grenzwissenschaften zu stellen, aus der Parapsychologie. Gleichzeitig wird aber auch ein uralter Menschheitstraum wahr, nämlich der, unsichtbar zu sein.

Ich habe einen beträchtlichen Teil meines langen Lebens auf diesbezügliche Nachforschungen verwendet, deren Ergebnis nunmehr mit wissenschaftlich fundierter Sicherheit feststeht: Kellner von heute sehen mich nicht. Jeder ausgewachsene Kellner scheint Röntgenaugen zu besitzen. Er sieht durch mich hindurch, als wäre ich transparent. Er ist ein Musterbeispiel der allgemeinen Kommunikationskrise. In welchem Restaurant auch immer ich sitze, fühle ich mich wie der berühmte »Unsichtbare Mann« aus einem Science-fiction-Film. Manchmal zwicke ich mich, um Gewißheit zu erlangen. Ich zwicke mich, ergo bin ich. Aber das heißt noch lange nicht, daß ich ergo auch mein

Dessert bekomme. Ein Dessert bekommt nur, wer den Blick des Kellners erhascht. Kein Kellnerblick, kein Kompott.

Ein gastronomisches Schicksal.

Soll ich mich damit trösten, daß ich in meinem Dilemma nicht allein bin? Die Gaststätten Europas bersten von Möchtegern-Essern, die sich erfolglos bemühen, von einem Kellner gesehen zu werden. Einige schwenken Papierservietten wild über ihrem Kopf hin und her, um auf diese Weise Augenkontakt mit dem Personal herzustellen, oder sie schlagen gleichzeitig mit dem Messer gegen das Glas, um einen Audio-Video-Effekt zu erreichen. Aber was immer sie tun, kein Kellner sieht sie. Ich habe von einem verzweifelten Restaurantbesucher in Brüssel gehört, der zur Verdeutlichung seines Hungers eine blaurote Rakete abbrannte. Es gab auch schon Versuche mit Lassos. Und in einem vornehmen Schlemmerlokal saß einmal ein Gast zwanzig Minuten lang mit einer Blinklampe auf dem Kopf, in der Hoffnung, die Aufmerksamkeit des Kellners zu erregen.

Er hoffte vergeblich.

Nach Ansicht erfahrener Zeitgenossen gibt es nur einen einzigen sicheren Weg, den Kellner herbeizulocken: aufzustehen und das Lokal zu verlassen, ohne zu zahlen. Die Anhänger dieser These sind im Irrtum. Der zeitgenössische Kellner legt nicht den geringsten Wert auf ihr schäbiges Geld. Was er will, ist Macht, die nackte, selbstherrliche Macht, nur den zu nähren, der ihm paßt. Außerdem ist schon manch ein Hungriger, der sich unter wüstem Schimpfen entfernt hatte, bald darauf reuig zurückgekehrt und hat sich wieder hingesetzt, zur nächsten Runde im Kampf um den Blick des Kellners.

Auch Gewaltakte helfen nicht. Man kennt den Fall eines Gastes in Texas, durch den die Kellner so lange hindurchsahen, bis er ein Glas an die Wand schleuderte, und dann noch eines, noch eines und noch zehn. Er saß zwei Stunden zwischen den Glasscherben, und niemand kümmerte sich um ihn, bis am nächsten Morgen die Putzfrauen kamen.

Vor einigen Wochen, in einem kleinen, nur halb gefüllten Lokal mit weiblicher Bedienung, verlor ich die Kontrolle über mich, packte die ältliche Kellnerin an den Schultern und schüttelte sie:

»Warum tun Sie so, als ob ich nicht vorhanden wäre? Warum sehen Sie mich nicht?«

Die Kellnerin richtete sich auf, strich ihr graues Haar zurecht, sah mich ruhig an und sagte:

»Ich stehe seit sieben Uhr früh auf den Beinen, mein Herr.«

Damit verschwand sie in Richtung Küche. Ich habe sie nicht mehr gesehen, besser gesagt: *sie* hat *mich* nicht mehr gesehen.

Auf dem Heimweg verfiel ich in tiefe Nachdenklichkeit. Das ist es, sagte ich mir. Um sichtbar zu werden, müssen folgende Voraussetzungen erfüllt sein: Das Bedienungspersonal darf nicht vor acht Uhr aufgestanden sein, darf nicht auf den Beinen stehen und muß mehr Trinkgeld bekommen.

Das heissersehnte Lächeln des Kellners

Man kann wohl eine Zeitlang um den heißen Brei herumreden, die Wahrheit aber kommt dennoch ans Licht. Der Schlüssel zur Kellnerseele ist und bleibt die leidige Trinkgeldfrage.

Das hat nichts mit Inflation, Rezession, Konjunktur und dergleichen zu tun. Es ist ein rein psychologisches Phänomen. Wann und wo immer ich einem Oberkellner oder der Garderobenhexe eines öffentlichen Lokales gegenüberstehe, treten kleine, kalte Schweißperlen auf meine Stirn und ich fühle mich einer Ohnmacht nahe. Dabei weiß ich ganz genau, daß ich in meiner Not nicht allein bin, daß alle Gäste von der Trinkgeldfrage bedrängt werden, seit jeher, seit Erschaffung der Welt. Wahrscheinlich haben schon Adam und Eva der Schlange eine Kleinigkeit zugesteckt, zum Dank dafür, daß sie ihnen den richtigen Baum gezeigt hat.

Aber was hilft's. Jeder dahergelaufene Kellner versetzt mich in Panik, wenn er, kaum daß ich mich über das Steak hermache, an meinem Tisch vorüberstreicht und mir zuflüstert: »Der Herr ist sicher kein Amerikaner. Amerikaner sind nämlich sehr knausrig!« Nach derlei Andeutungen bin ich versucht, meine Brieftasche auf den Tisch zu legen und dem Kerl zu sagen, er möge sich doch bitte herausnehmen, was er für angemessen hält. Einmal, in einem Pariser Fischrestaurant, habe ich das wirklich getan. Ich ging zu Fuß ins Hotel zurück.

Die Frage des Trinkgelds läßt sich schon deshalb nicht beantworten, weil sie in einem Niemandsland gestellt wird, zu dem nicht einmal die Gewerkschaften Zutritt haben. Es ist ein immer wieder neu entstehender Nervenkrieg zwischen zwei

Gegnern, von denen einer von Anfang an hoffnungslos im Nachteil ist. Dieser eine bin ich. Ich weiß nicht, wieviel Trinkgeld ich geben soll.

Hinterher weiß ich's. Ich habe zuviel gegeben, wenn die Garderobiere meinen Mantel abbürstet, und zuwenig, wenn der Kellner die Münzen demonstrativ liegen läßt. Undurchsichtig bleiben nur die englischen Kellner, die selbst das üppigste Trinkgeld mit so herablassender Selbstverständlichkeit entgegennehmen, daß man ihnen am liebsten die Hand küssen möchte für die Gnade, die sie einem erwiesen haben. Anders die türkischen Ober. Die sind menschlich. Wie hoch die Summe auch sein mag, die man ihnen in die Hand drückt, sie halten ungerührt die andere Hand hin, als wollten sie sagen: »Schön, das war das Trinkgeld. Wo bleibt der Bakschisch?«

Der Einfluß der Geographie auf die Trinkgeldfrage ist nicht zu unterschätzen. Im allgemeinen steigt die Höhe des Trinkgelds in direkt proportionalem Verhältnis zur Höhe der Temperatur. Je heißer, desto höher. Am Mittelmeer doppelt so hoch. In Venedig zum Beispiel steht seit Jahrhunderten vor jedem halbwegs freundlichen Restaurant ein pockennarbiger, zahnloser Greis, nähert sich dem Ein- oder Aussteigenden mit dem Ruf »Attenzione, Stufe« und beginnt in gotteslästerlichem Sizilianisch zu fluchen, wenn man ihn nicht dafür bezahlt. Für 2000 Lire sagt er »Grazie«, für 5000 oder mehr sagt er etwas auf englisch, für 1000 sagt er nichts, für 500 spuckt er.

Demgegenüber gebührt den italienischen Kellnern, diesen Großmeistern der Aufrundung, ein Wort des Lobes. Gleichgültig, wieviel du gegessen hast, sie machen dir die Rechnung über genau 19400 Lire und gehen nicht fehl in der Annahme, daß du dir auf zwei 10000-Lire-Noten doch nicht einige schäbige Münzen zurückgeben lassen wirst. Hier zeigt sich die psychologische Chancenvielfalt der Trinkgeldaspiranten.

In Ländern mit hoher Einkommenssteuer ist das Trinkgeld höher. Noch höher ist es in Ländern, deren Regime noch immer zum Sozialismus tendieren. Diese Regime haben die menschenunwürdige Angewohnheit, ihre Kellner durch Trinkgelder zu erniedrigen, so gründlich abgeschafft, daß diese ihren Gram darüber im Alkohol ertränken müssen. Daher der Name Trinkgeld.

In den früheren kommunistischen Staaten ist es gelungen, einen neuen Menschentypus zu schaffen, den klassenbewußten Volkskellner, dessen Arbeitsmoral ihm die Annahme von Trinkgeld verbietet. Leider müssen wir darauf verzichten, den Erfolg dieser Erziehungsmaßnahme zu untersuchen, da der in Rede stehende Proletarier vor sieben Jahren in Bulgarien gestorben ist.

Es muß hier noch auf einen Aspekt hingewiesen werden, den sämtliche Moralisten, Reformer und Revolutionäre bisher übersehen haben. Das Trinkgeld fördert die soziale Gleichstellung. Der Kellner, der am Morgen den gegenüberliegenden Frisiersalon besucht, verabschiedet sich dort mit einem reichlichen Trinkgeld, und wenn der Friseur zu Mittag im gegenüberliegenden Restaurant gegessen hat, gibt er dem Kellner das reichliche Trinkgeld wieder zurück. So entsteht völlige Gleichheit zwischen zwei verschiedenen Klassen und ein wichtiger Schritt in Richtung klassenlose Gesellschaft ist getan.

All diese tiefschürfenden Überlegungen lösen leider unser Grundproblem keineswegs, welche Trinkgeldhöhe nun wirklich die richtige ist.

Nüchtern betrachtet erkauft man nämlich mit dem Trinkgeld in Wahrheit das Lächeln der Kellnerin oder zumindest ihre Bereitschaft, dich nicht zu beschimpfen. Daraus folgt, daß sich die Höhe des Trinkgelds nach der Festigkeit deines Charakters richtet. Je unsicherer du dich fühlst, desto höher wird die Bestechungssumme sein, die du für ein paar flüchtige Augenblicke der Selbstbestätigung zu zahlen bereit bist. Die Schwierigkeit liegt darin, daß du dir in einem Sekundenbruchteil und ohne jede Hilfe darüber klar werden mußt, wieviel dir das Wohlwollen des frustrierten Mütterchens wert ist, das dir beim Verlassen des Kaffeehauses in den Mantel hilft. Damit nicht genug, mußt du auch noch die Fähigkeit des jeweiligen Trinkgeldempfängers, dir durch eine gezielte Flegelei den Rest des Tages zu verderben, richtig einschätzen.

Eine verzwickte Angelegenheit.

Natürlich wäre es einfacher, das Trinkgeld in die Rechnung einzuschließen. Macht 15%, und die Sache ist erledigt, »Service inbegriffen«. Warum das nicht geschieht, gehört zu den unerforschlichen Rätseln der Menschenseele. Vielleicht beharrt die Kellnergewerkschaft auf der Trennung von Rechnung und Trinkgeld, weil ein von Amts wegen festgesetztes Trinkgeld ihren Berufsstolz nicht verletzt. Aber es bringt sie um jenen unvergleichlichen Moment der Spannung, der das Trinkgeldgeben so überaus populär gemacht hat.

Wem die Stunde schlägt

Die Gastfreundschaft gehört im Vorderen Orient zu den heiligsten Geboten. Ein Beduinenscheich, bei dem du eingekehrt bist, wird dich – auch wenn du monatelang bleibst – nie zum

Aufbruch mahnen. Leider sind die Beduinenscheichs unter heutigen Oberkellnern an einer Hand abzuzählen.

Diese Tatsache wurde mir bewußt, als die beste Ehefrau von allen ein paar Minuten vor elf Uhr abends mitten in der Hauptstraße stehenblieb und sagte: »Laß uns noch eine Tasse Tee trinken.«

Wir betraten das nächste Café-Restaurant, ein kleines, intimes Lokal mit diskreter Neonbeleuchtung, einer blitzblanken Espressomaschine und zwei Kellnern, die sich gerade umkleideten. Außer uns war nur noch ein glatzköpfiger Mann vorhanden, der mit einem schmutzigen Fetzen die Theke abwischte. Bei unserem Eintritt sah er auf seine Uhr und brummelte etwas Unverständliches zu einem der beiden Kellner hinüber, der daraufhin seinen Rock wieder auszog und in ein Jackett von unbestimmter Farbe schlüpfte.

Die Luft war mit Sozialproblemen geladen. Aber wir taten, als wäre es eine ganz normale Luft, und ließen uns an einem der Tische nieder.

»Tee«, bestellte ich unbefangen. »Zwei Tassen Tee.«

Der Kellner zögerte, dann öffnete er die Tür zur Küche und fragte demonstrativ angewidert:

»Ist das Wasser noch heiß?«

Unterdessen schob draußen auf der Terrasse der

andere Kellner die Tische mit harten, präzisen Rucken zurecht, die den unerbittlichen Ablauf der Zeit markierten.

Der Tee schwappte ein wenig über, als der erste Kellner die beiden Tassen vor uns hinknallte. Wir versuchten, die farblose Flüssigkeit durch emsiges Umrühren ein wenig zu wärmen.

»'tschuldigen!«

Es war der Glatzkopf. Er hob das Tablett mit unseren beiden Tassen und nahm das fleckige Tischtuch an sich. Auch der Tisch war nicht ohne.

Der erste Kellner hatte den unterbrochenen Kostümwechsel wieder aufgenommen und stand jetzt in einem blauen Regenmantel in der Tür. Er machte den Eindruck, als warte er auf etwas. Der zweite Kellner war mit dem Zusammenfalten der Flecktücher fertig geworden und drehte die Neonlichter ab.

»Vielleicht«, flüsterte ich meiner Ehefrau zu, »vielleicht möchten sie, daß wir gehen? Wäre das möglich?«

»Es wäre möglich«, flüsterte sie zurück. »Aber wir müssen es ja nicht bemerken.«

Wir fuhren fort, an unserem im Halbdunkel liegenden Tisch miteinander zu flüstern und nichts zu bemerken. Auch das Tablett mit der Rechnung, das mir der Regenmantelkellner kurz darauf unter die Nase hielt, nahm ich nur insoweit zur Kenntnis, als ich es beiseite schob.

Der Glatzkopf nahm das schicke Hütchen meiner Ehefrau vom Haken und legte es mitten auf

172

den Tisch. Sie bedachte ihn mit einem freundlichen Lächeln:

»Vielen Dank. Haben Sie Kuchen?«

Der Glatzkopf erstarrte mit offenem Mund und drehte sich zum zweiten Kellner um, der vor dem großen Wandspiegel seine Haare kämmte. Es herrschte Stille. Dann tauchte der erste Kellner, der mit dem blauen Regenmantel, im Dunkel unter, tauchte wieder auf und warf uns einen käsigen Klumpen vor, der beim Aufprall sofort zerbröckelte. Eine Gabel folgte klirrend. Meine Gattin konnte das Zittern ihrer Hände nicht unter Kontrolle bekommen und ließ die Gabel fallen. Da sie nicht mehr den Mut hatte, eine neue zu verlangen, unternahm ich es an ihrer Stelle. Wenn Blicke töten könnten, wäre jede ärztliche Hilfe zu spät gekommen.

Die Neonlichter wurden einige Male in rascher Folge an- und abgedreht. Das gab einen hübschen Flackereffekt, der uns aber nicht weiter beeindruckte. Auch die Tatsache, daß der Glatzkopf sich gerade jetzt vergewissern mußte, ob der Rolladen vor der Eingangstür richtig funktionierte, ließ uns kalt.

Aus der Küche kam eine alte, bucklige Hexe mit Kübel und Besen hervorgeschlurft und begann den Boden zu waschen. Warum sie damit bei unserem Tisch begann, weiß ich nicht. Jedenfalls hoben wir, um ihr keine Schwierigkeiten zu machen, die Füße und hielten sie so lange in die Luft, bis die Hexe weiterschlurfte.

Der gekämmte Kellner hatte um diese Zeit fast alle Stühle auf die Tische gestellt. Eigentlich fehlten nur noch unsere.

»Warum sagen sie uns nicht, daß wir gehen sollen?« fragte ich die beste Ehefrau von allen, die in solchen Fällen meistens die richtige Antwort weiß.

»Weil sie uns nicht in Verlegenheit bringen wollen. Es sind höfliche Leute.«

In kultivierten Ländern wird das Gastrecht heiliggehalten, auch heute noch. Mit uralten Traditionen bricht man nicht so leicht. Der erste Kellner stand bereits draußen auf der Straße, von wo er uns aufmunternde Blicke zuwarf. Der zweite half dem Glatzkopf soeben in den Mantel. Der Glatzkopf öffnete einen kleinen schwarzen Kasten an der Wand und tauchte mit zwei knappen Handgriffen das Lokal in völliges Dunkel. Im nächsten Augenblick spürte ich die Sitzfläche eines Stuhls auf meinem Rücken.

»Könnte ich ein paar Zeitschriften haben?« hörte ich meine Frau sagen. Ich tastete durch die Dunkelheit nach ihrer Hand und drückte sie anerkennend.

Ein Zündholz flammte auf. In seinem schwachen Schein kam der Glatzkopf auf uns zu:

»Sperrstunde. Wir schließen um Mitternacht.«

»Ja, aber warum haben Sie das nicht gleich gesagt?« fragte ich. »Woher sollen wir das wissen?«

Wir ließen die Stühle von unseren Rücken gleiten, standen auf und rutschten über den nassen Fußboden hinaus. Nachdem wir ein wenig ins helle Straßenlicht geblinzelt hatten, sahen wir auf die Uhr. Es war genau 10 Minuten vor Mitternacht.

SERVICE INBEGRIFFEN

Um unserer Kellnersaga ein internationales Flair zu geben, soll hier der Dialog zwischen dem berühmten amerikanischen Schriftsteller John Steinbeck und einem anonymen israelischen Kellner veröffentlicht werden. Die Authentizität des Gesprächs hat mir John Steinbeck seinerzeit in einem persönlichen Schreiben bestätigt.

»Kellner! Herr Ober!«
  »Jawohl, Herr Sternberg.«
  »Frühstück für zwei, bitte.«
  »Jawohl. Zweimal Frühstück. Sofort. Ich wollte Sie nur noch rasch etwas fragen, Herr Sternberg. Sind Sie der Schriftsteller, über den man jetzt so viel in den Zeitungen liest?«
  »Mein Name ist John Steinbeck.«
  »Aha. Erst gestern habe ich ein Bild von Ihnen in der Zeitung gesehen. Aber da hatten Sie einen größeren Bart, kommt mir vor. Es war auch ein

Artikel dabei, daß Sie einen Monat hier bleiben wollen und daß Sie inkognito sind, damit man Sie nicht belästigt. Ist das Ihre Frau?«

»Ja, das ist Frau Steinbeck.«

»Schaut aber viel jünger aus als Sie.«

»Ich habe das Frühstück bestellt.«

»Sofort, Herr Steinberg. Sie müssen wissen, daß alle möglichen Schriftsteller in dieses Hotel kommen. Erst vorige Woche hatten wir einen hier, der ›Exodus‹ geschrieben hat. Haben Sie ›Exodus‹ gelesen?«

»Nein.«

»Ich auch nicht. So ein dickes Buch. Aber ›Alexis Sorbas‹ habe ich gesehen. Wann haben Sie ›Alexis Sorbas‹ geschrieben?«

»Ich habe ›Alexis Sorbas‹ nicht geschrieben.«

»Hat mir großartig gefallen, der Film. An einer Stelle hätte ich mich vor Lachen fast ausgeschüttet. Wissen Sie, dort, wo –«

»Ich hätte zum Frühstück gerne Kaffee. Und Tee für meine Frau.«

»Sie haben ›Sorbas‹ nicht geschrieben?«

»Nein. Das sagte ich Ihnen ja schon.«

»Für was hat man Ihnen dann den Nobelpreis oder wie der heißt gegeben?«

»Für die ›Früchte des Zorns‹.«

»Also Kaffee und Tee, richtig?«

»Richtig.«

»Sagen Sie, Herr Steinberg: Wieviel bekommt man für so einen Preis? Stimmt es, daß er eine Million Dollar einbringt?«

»Könnten wir dieses Gespräch nicht nach dem Frühstück fortsetzen?«

»Da habe ich leider keine Zeit mehr. Warum sind Sie eigentlich hergekommen, Herr Steinberg?«

»Mein Name ist Steinbeck.«

»Sie sind aber kein Jude, nicht wahr?«

»Nein.«

»Hab' ich mir gleich gedacht. Amerikanische Juden sind sehr aufdringlich. Schade, daß Sie ausgerechnet jetzt gekommen sind, wo es fortwährend regnet. Jetzt gibt es hier nichts zu sehen. Oder sind Sie hier an etwas ganz Speziellem interessiert?«

»Ich möchte ein weichgekochtes Ei.«

»Drei Minuten?«

»Ja.«

»Sofort. Ich weiß, Herr Steinberg, in Amerika ist man es nicht gewöhnt, sich mit Kellnern so ungezwungen zu unterhalten. Bei uns ist das anders. Wir haben Atmosphäre. Übrigens war ich nicht immer ein Kellner. Ich habe Orthopädie studiert, zwei Jahre lang. Leider braucht man hierzulande Protektion, sonst kommt man nicht weiter.«

»Bitte bringen Sie uns das Frühstück, mit einem weichen Ei.«

»Drei Minuten, Herr Steinberg, ich weiß. Aber dieser ›Sorbas‹, das war vielleicht ein Film! Auch wenn Sie gegen Schluß ein wenig zu dick aufgetragen haben. Unser Koch hat mir gesagt, daß es von Ihnen auch noch andere Theaterstücke und Filme gibt. Ist das wahr?«

»Ja.«

»Was, zum Beispiel?«

»Zum Beispiel ›Jenseits von Eden‹.«

»Hab' ich geseh'n! Mein Ehrenwort, das hab' ich geseh'n! Zum Brüllen komisch. Besonders diese Szene, wo sie versuchen, die Bäume aus dem Wald zu transportieren...«

»Das kommt in ›Alexis Sorbas‹ vor.«

»Ja, richtig. Da haben Sie recht. Also, was schreiben Sie sonst?«

»Von Mäusen und Menschen.«

»Mickymaus?«

»Wenn ich nicht bald das Frühstück bekomme, muß ich verhungern, mein Freund.«

»Sofort. Nur noch eine Sekunde. Mäuse, haben Sie gesagt. Das ist doch die Geschichte, wo dieses Weib mit diesem Idioten ins Bett gehen will.«

»Wie bitte?«

»Und das ist so ein dicker Kerl, der Idiot, das heißt, in Wirklichkeit ist er gar nicht so dick, aber sie stopfen ihm lauter Kissen unter die Kleider, damit er dick aussieht, und sein Freund neben ihm ist ganz mager, und der dicke Kerl will immer Mäuse fangen und...«

»Ich kenne den Inhalt meiner Stücke.«

»Natürlich. Wenn Sie glauben. Jedenfalls muß man auf diesen dicken Idioten immer aufpassen, damit er die Leute nicht verprügelt, aber wie der Sohn vom Boß dann mit dem Weib frech wird, steht er ganz ruhig auf und geht zu ihm hinüber und...«

»Kann ich mit dem Geschäftsführer sprechen?«

»Nicht nötig, Herr Steinberg. Es wird alles sofort da sein. Aber diese Mäuse haben mir wirklich gefallen. Nur der Schluß der Geschichte, entschuldigen Sie, also der hat mich enttäuscht. Da hätte ich von Ihnen wirklich etwas Besseres erwartet. Warum müssen Sie diesen dicken Kerl sterben lassen? Nur weil er ein bißchen schwach im Kopf ist? Deshalb bringt man einen Menschen doch nicht gleich um, das muß ich Ihnen schon sagen.«

»Gut, ich werde das Stück umschreiben. Nur bringen Sie uns jetzt endlich...«

»Wenn Sie wollen, lese ich's mir noch einmal durch und sage Ihnen dann alles, was falsch ist. Das kostet Sie nichts, Herr Steinberg, haben Sie keine Angst. Vielleicht komme ich einmal nach Amerika und besuche Sie. Ich hätte viel mit Ihnen zu reden. Privat, meine ich. Aber das geht jetzt nicht. Ich habe viel zu tun. Wenn Sie wüßten, was ich erlebt habe. Daneben ist ›Alexis Sorbas‹...«

»Bekomme ich endlich mein weiches Ei oder nicht?«

»Bedaure, am Sabbat servieren wir keine Eier. Aber wenn ich Ihnen einmal meine Lebensgeschichte erzähle, Herr Steinberg, dann können Sie damit ein Vermögen verdienen. Ich könnte sie natürlich auch selbst aufschreiben, jeder sagt mir, ich bin verrückt, daß ich nicht einen Roman schreibe oder eine Oper oder sowas Ähnliches. Die denken alle nicht daran, wie müde ich am Abend bin. Hab' ich ihnen allen gesagt, sie sollen mich in

Ruhe lassen, und ich geb's dem Steinberg. Was sagen Sie dazu?«

»Das Frühstück, oder...«

»Zum Beispiel vor zwei Jahren. Im Sommer. Schon mehr gegen Ende des Sommers, als ich mit meiner Frau in den Süden gefahren bin. Plötzlich bleibt das Auto stehen, der Chauffeur steigt aus, hebt die Kühlerhaube, schaut hinein, und wissen Sie, was er gesagt hat?«

»Lassen Sie gefälligst meinen Bart los. Loslassen!«

»Er hat gesagt: ›Der Vergaser ist hin.‹ Stellen Sie sich das vor. Mitten am Weg nach Sodom ist der Vergaser hin. Sie werden vielleicht glauben, ich hab' das erfunden. Es ist die reine Wahrheit. Der Vergaser war hin. Die ganze Nacht mußten wir im Wagen sitzen. Und es war eine kalte Nacht, eine sehr kalte Nacht. Sie werden das schon richtig schreiben, Herr Steinberg. Sie werden schon einen Bestseller draus machen. Ich sage Ihnen, es war eine Nacht, in der nicht einmal Alexis Sorbas... He, wohin gehen Sie? Ich bin noch nicht fertig, Herr Steinberg. Ich habe noch eine ganze Menge Geschichten für Sie. Wie lange bleiben Sie noch bei uns?«

»Ich fliege mit dem nächsten Flugzeug.«

»Herr Steinberg! So warten Sie doch, Herr Steinberg! Und zuerst hat er gesagt, daß er einen ganzen Monat bleiben will. Diese Schauspieler sind wirklich launisch...«

Mitbringsel für Vierbeiner

Zwar stehen wir noch immer unter Kuratel der Kellnerschaft, aber immerhin kommen wir endlich zum Kern der Sache, zum Essen selbst. Allerdings wird die folgende Geschichte vom Tierschutzverein nicht empfohlen.

Diese Geschichte wäre wohl niemals geschrieben worden, hätte es in dem vor kurzem eröffneten Restaurant Martin & Maiglock nicht diese riesenhaften Steaks gegeben, die wie eine gezielte Demonstration gegen die Sparmaßnahmen unseres Ernährungsministers aussahen. Wir, die beste Ehefrau von allen, die drei Kinder und ich, nahmen unser Mittagessen jeden Samstag bei Martin & Maiglock ein, und jeden Samstag stellten sie diese fünf Riesenportionen vor uns hin. Beim ersten Mal glaubte ich noch an einen Irrtum oder an eine Einführungsmaßnahme. Aber es war, wie sich alsbald erwies, keine Einführungsmaßnahme. Es war die Regel, und sie machte besonders den Kindern schwer zu schaffen. Verzweifelt starrten sie auf ihre Teller, die nicht leer werden wollten:

»Mami, ich kann nicht mehr...«

Und es war ja wirklich zum Heulen, auch für die Erwachsenen. Denn die Steaks im Restaurant

Martin & Maiglock waren von erlesener Güte, und man wurde ganz einfach trübsinnig bei dem Gedanken, daß man bestenfalls die Hälfte aufessen konnte und die andere Hälfte zurücklassen mußte.

Mußte man?

»Warum nehmen wir den Rest nicht mit nach Hause?« flüsterte eines Samstags die beste Ehefrau von allen. »Mehr als genug für ein ausgiebiges Abendessen.«

Sie hatte recht. Es fragte sich nur, wie ihr hervorragender Plan zu verwirklichen wäre. Schließlich kann man nicht mit Händen voller Steaks ein dicht gefülltes Restaurant verlassen. Andererseits erinnerte ich mich mit Schaudern an jene halbe Portion Hamburger, die ich einmal in eine Papierserviette eingewickelt und achtlos in meine hintere Hosentasche gesteckt hatte. Auf dem Heimweg machte ich einen kleinen Einkauf, wollte zahlen, griff nach meiner Geldbörse und... Nein, dergleichen sollte mir nie wieder passieren. Keine Schmuggelversuche. Alles muß streng legal vor sich gehen.

Ich rief Herrn Maiglock an den Tisch:

»Hätten Sie wohl die Freundlichkeit, diese Überbleibsel einzupacken? Für unseren Hund.«

Während ich mich noch über das Raffinement freute, mit dem ich Franzi, unsere rassige Wechselbalg-Hündin, als Alibi benutzt hatte, kam Herr Maiglock aus der Küche zurück. In der Hand trug er einen gewaltigen Plastikbeutel, im Antlitz ein freundliches Lächeln:

»Ich hab' noch ein paar Knochen dazugetan«, sagte er.

Es müssen mindestens 15 Pfund Elefantenknochen gewesen sein, vermehrt um allerlei Leber- und Nierengewächs und was sich sonst noch an Speiseresten in den Mülltonnen des Restaurants Martin & Maiglock gefunden hatte.

Wir nahmen den Sack unter lebhaften Dankesbezeugungen entgegen, leerten ihn zu Hause vor Franzi aus und flüchteten.

Franzi verzehrte den anrüchigen Inhalt mit großem Appetit. Nur die Steaks ließ sie stehen.

Am folgenden Wochenende, um einiges klüger geworden, änderte ich meine Strategie:

»Herr Maiglock, bitte packen Sie das übriggebliebene Fleisch für unseren Hund ein. Aber geben Sie bitte nichts anderes dazu.«

»Warum nichts anderes?« erkundigte sich Herr Maiglock. »In unserer Küche wimmelt es nur so von Leckerbissen für Ihren vierbeinigen Liebling.«

Ich erklärte ihm die Sachlage:

»Unsere Franzi ist ein sehr verwöhntes Tier. Sie will nur Steaks haben. Nichts als Steaks. Vom Grill.«

An dieser Stelle mischte sich vom Nebentisch her ein lockiger Gelehrtenkopf ins Gespräch:

»Sie machen einen schweren Fehler, mein Herr.

Sie verpassen dem armen Tier eine denkbar unge- eignete Nahrung.«

Der Lockenkopf gab sich als Tierarzt zu erken- nen und setzte, meine Proteste nicht beachtend, seinen Vortrag laut hörbar fort: »Das Abträglichste für das Verdauungssystem eines Hundes ist ge- grilltes oder gebratenes Fleisch. Wahrscheinlich wird Ihr Hund daraufhin nicht mehr wachsen. Zu welcher Rasse gehört er?«

»Es ist ein Zwergpudel«, entgegnete ich hä- misch. »Und außerdem eine Hündin.«

Damit kehrte ich dem Quälgeist den Rücken und bat Herrn Maiglock, die Steaks, wenn er uns denn unbedingt noch etwas anderes mitgeben wolle, gesondert zu verpacken.

Alsbald brachte Herr Maiglock die sorgfältig in Zeitungspapier eingewickelten Steaks.

»Was soll das?« fuhr ich ihn an. »Haben Sie keinen Plastikbeutel?«

»Wozu?« fragte Herr Maiglock.

Ich schwieg. Wie sollte ich diesem Idioten be- greiflich machen, daß ich keine Lust auf Steaks hatte, an denen noch die Reste eines Leitartikels klebten. Auf der Heimfahrt schleuderte ich das Zeitungspaket zum Wagenfenster hinaus.

Aber so leicht gab ich nicht auf. Am nächsten Samstag erschienen wir mit unserem eigenen Pla- stikbeutel, der lockenköpfige Veterinär mußte in hilflosem Zorn mit ansehen, wie wir das schädli- che Material in hygienisch einwandfreier Verpak- kung forttrugen.

Es reichte für drei Tage und drei Nächte. Wir hatten Steak zum Abendessen, Steak zum Mittagsmahl, Steak zum Frühstück. Franzi lag daneben, beobachtete uns aufmerksam und verschmähte die ihr zugeworfenen Happen.

»Ephraim«, seufzte die beste Ehefrau von allen, als wir am Samstag wieder bei Martin & Maiglock Platz nahmen, »Ephraim, ich kann kein Steak mehr sehen, geschweige denn essen.«

Sie sprach mir aus der Seele, die Gute, aus der Seele und aus dem Magen.

Auch die Kinder klatschten in die Hände, als wir Schnitzel bestellten. Und wir bestellten sie sicherheitshalber bei Herrn Martin.

Herr Maiglock, der liebenswürdige Tölpel, ließ sich dadurch in keiner Weise beirren. Nachdem wir gegessen hatten, brachte er einen prall mit Steakresten gefüllten Plastiksack angeschleppt.

»Für Franzi«, sagte er.

Von da an beschäftigte uns allsamstäglich das Problem, wie wir die sinnlosen Gaben loswerden sollten. Man kann ja auf die Dauer nicht durch die Stadt fahren und Fleischspuren hinter sich lassen.

Endlich hatte ich den erlösenden Einfall. Kaum saßen wir an unserem Samstagmittagstisch, wandte ich mich mit trauriger Miene und ebensolcher Stimme an Herrn Maiglock:

»Bitte keine Steaks mehr. Franzi ist tot.«

In tiefem Mitgefühl drückte mir Herr Maiglock die Hand.

Am Nebentisch aber erhob sich der Hundefutterfachmann und stieß einen empörten Schrei aus:

»Sehen Sie, ich hatte Sie gewarnt! Jetzt haben Sie das arme Tier umgebracht!«

Rafi, unser Ältester, murmelte etwas von einem Verkehrsunfall, dem Franzi zum Opfer gefallen sei, aber das machte die Sache nicht besser. Die Stimmung war gegen uns. Wir schlangen unsere Mahlzeit hinunter und schlichen mit schamhaft gesenkten Köpfen davon. Auf dem Heimweg fühlten wir uns wie eine Bande von Mördern. Wäre Franzi tot auf der Schwelle unseres Hauses gelegen, es hätte uns nicht überrascht.

Zum Glück empfing sie uns mit fröhlichem Gebell, wie immer. Es war alles in bester Ordnung.

Schlimmstenfalls können wir Herrn Maiglock immer noch erzählen, daß wir uns einen neuen Hund gekauft hätten.

Dessert

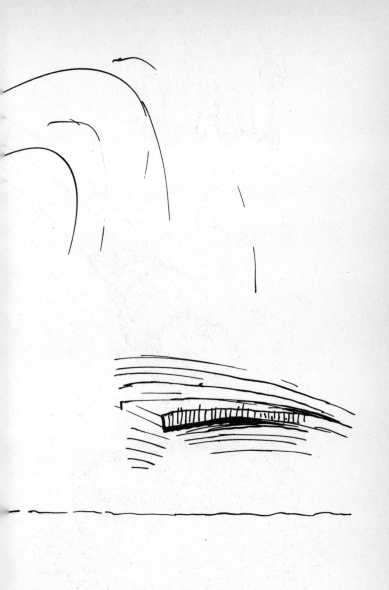

Der Kohlrabi schlägt zurück

Sehen wir den Dingen ins Auge: nicht das Steak, nicht der Beigel, nicht einmal die brühheiße Suppe stellen die heiklen Punkte in den alltäglichen Eßgewohnheiten dar, sondern der Trend, sich das Essen überhaupt abzugewöhnen. Mich persönlich beunruhigt die allgemeine Bereitschaft, leckere Marzipantorten auf dem Altar der Bikinis und der Kragenweiten zu opfern.

Der moderne Mann, das heißt einer, der sich im Schwimmbad noch zeigen kann, träumt nicht mehr vom Spanferkel, sondern davon, daß seine Kleider um ihn schlottern, er zählt nicht die Rosinen in seinem Apfelstrudel, sondern die Löcher in seinem Gürtel.

»Ephraim«, fragte mich eines Tages die beste Ehefrau von allen. »Ephraim, bin ich dick?«

»Nein, Frau«, antwortete ich, »du bist nicht dick.«

»Aber du bist dick.«

»Meinst du? Dann muß ich dir aber sagen, daß du noch viel dicker bist.«

In Wahrheit ist niemand von uns beiden »dick«
im eigentlichen Sinne des Wortes. Die beste Ehefrau von allen mag vielleicht an einigen Ecken und
Enden ihres Körpers gewisse Rundungen aufweisen, und was mich betrifft, so sehe ich von hinten
manchmal ein wenig schwammig aus. Aber das
sind eher persönliche Eindrücke als das Gebot der
Waage.

Trotzdem und für alle Fälle nahmen wir mit
einer der Gewichtsüberwachungsstellen Kontakt
auf, wie sie heute aus dem Boden schießen. Die
Freundinnen meiner Frau erzählen Wunderdinge
von diesen Kontrollstationen, die dem leichten Leben der Schwergewichtler ein Ende setzen. Zum
Beispiel haben sie das Gewicht eines stadtbekann-
ten Friseurs derart verändert, daß er jetzt 40 kg
wiegt statt 130, und ein Theaterdirektor kam in
zwei Monaten von 90 kg auf minus 10.

Wir wurden von einer Direktrice und einem
spindeldürren Dozenten in Empfang genommen.
Noch wenige Monate zuvor, so berichteten seine
hingerissenen Schüler, wurden zwei Sitzplätze
frei, wenn er aus dem Autobus ausstieg. Heute tritt
er gelegentlich in einem Kindertheater als Ge-
spenst auf.

Der Dozent machte uns umgehend mit der Vor-
gangsweise bekannt: Für jeden Abmagerungskan-
didaten wird eine eigene Akte angelegt. Gegen
geringe Aufzahlung wird er einmal wöchentlich
einer mündlichen Gehirnwäsche unterzogen und
bekommt ein schriftliches Menü. Man muß nicht

gänzlich auf Nahrungsaufnahme verzichten, man muß nur bestimmte Dinge aufgeben, einschließlich der Geschmacksnerven. Kein Brot, kein Weißgebäck, keine Teigwaren, keine Butter. Nichts, was Fett, Stärke oder Zucker enthält. Statt dessen Kohlrabi in jeder beliebigen Menge, ungesäuertes Sauerkraut und aus dem Wasser gezogenen Fisch. Zwei Gläser Milch pro Tag. Keinerlei sportliche Betätigung, weil sie den Appetit anregt. Besonders empfohlen: einmal wöchentlich eine Stunde lang ausgestreckt auf dem Boden liegen und dazu lauwarmes Wasser trinken. Nach Ablauf von sieben Tagen wird man auf der Kontrollstelle gewogen, und wenn man kein Gewicht verloren hat, ist man selber schuld und soll sich schämen. Hat man Gewicht verloren, wird man anerkennend gestreichelt.

»Ausgezeichnet«, sagte ich. »Wir sind sehr zärtlichkeitsbedürftig.«

Die Direktrice führte uns in einen andern Raum, wo wir eine Waage besteigen mußten, ohne Schuhe und ohne Armbanduhren. Das Resultat war niederschmetternd:

»Es tut mir leid«, sagte die Direktrice. »Sie können das erforderliche Übergewicht nicht aufweisen.«

Mir wurde schwarz vor Augen. Nie hätte ich geglaubt, daß man uns wegen einer solchen Formalität das Recht auf Abmagerung nehmen würde. Schließlich fehlten mir nur drei Kilo zu einem amtlich beglaubigten Fettwanst, und meine

Frau, wenn auch von kleiner Statur, wäre mit einem Zuschlag von eineinhalb Kilo ausgekommen. Aber die Gewichtsüberwacher ließen nicht mit sich handeln.

So kehrten wir nach Hause zurück und begannen alles zu essen, was verboten war. Zwei Wochen später meldeten wir uns wieder auf der Kontrollstation, in der begründeten Hoffnung, daß unserer Aufnahme nun nichts mehr im Wege stünde. Zur Sicherheit hatte ich meine Taschen mit 50 Pfund in kleinen Münzen vollgestopft.

»Herzlich willkommen«, sagte die Direktrice, nachdem sie uns gewogen hatte. »Jetzt kann ich eine Akte für Sie anlegen.«

Hierauf gab uns der Dozent seine Anweisungen.

»Drei große Mahlzeiten täglich. Sie dürfen sich nicht zu Tode hungern. Sorgen Sie für Abwechslung. Wenn Ihnen das Sauerkraut über wird, wechseln Sie zum Kohlrabi, und umgekehrt. Hauptsache: kein Fett, keine Stärke, kein Zucker. Kommen Sie in einer Woche wieder.«

Sieben Tage und sieben Nächte lang hielten wir uns sklavisch an die Vorschriften. Unser Käse war weiß und mager, unser Brot war grün von den Gurken, die es durchsetzten, unser Sauerkraut war sauer.

Als wir am achten Tag die Waage bestiegen, hatten wir beide je 200 g zugenommen, und das mit leeren Taschen. »So etwas kann passieren«, äußerte der Dozent. »Sie müssen etwas strenger mit sich sein.«

In der folgenden Woche aßen wir ausschließlich Kohlrabi, der uns in eigenen Lieferwagen direkt vom Güterbahnhof zugestellt wurde. Und wirklich: Wir hatten nicht zugenommen. Allerdings auch nicht abgenommen. Wir stagnierten. Der Zeiger der kleinen Waage, die wir für zu Hause angeschafft hatten, blieb immer an derselben Stelle stehen. Es war ein wenig enttäuschend.

In einer alten Apotheke in Jaffa entdeckte die beste Ehefrau von allen eine ungenaue Waage, aber dort stand die halbe weibliche Bevölkerung Schlange. Außerdem käme auf der Kontrollstation ja doch die Wahrheit heraus.

Allmählich begann ich zu verzweifeln. Sollten wir für alle Ewigkeit bei unserem jetzigen Gewicht steckenbleiben? Wieso hatte meine Frau nicht abgenommen? Für mich selbst gab es ja eine Art Erklärung für dieses Phänomen: Mir war zu Ohren gekommen, daß ich Nacht für Nacht in die Küche schlich, um mich dort im Untergrund über größere Mengen von Käse und Würstchen herzumachen...

Die Rache des Kohlrabi, zu dem ich in den folgenden Wochen zurückkehrte, ließ nicht lange auf sich warten.

In der siebenten Woche unserer Qual, die siebente Woche ist bekanntlich die kritische, fuhr ich mitten in der Nacht aus dem Schlaf hoch. Ich verspürte ein unwiderstehliches Bedürfnis nach dem betörenden Geruch und Geräusch von brutzelndem Fett. Ich mußte unbedingt sofort etwas Gebratenes essen, wenn ich nicht verrückt werden wollte. Ich war bereit, für ein paar lumpige Kalorien einen Mord zu begehen. Der bloße Gedanke an die Buchstabenfolge »Baisers mit Cremefüllung« ließ mich erzittern. Fiebervisionen von Kohlehydraten suchten mich heim. Ich glaubte, den Begriff der Kohlehydrate in körperlicher Gestalt zu sehen: ein süßes, anmutiges Mädchen, das in einem weißen Brautkleid und mit wehendem Goldhaar über eine Wiese lief.

»Kohlehydrate!« rief ich hinter ihr her. »Warte auf mich, Kohlehydrate. Ich liebe dich! I love you! Je t'aime! Ja tibja ljubljiu! Bleib bei mir, Kohlehydrate!«

In der nächsten Nacht hatte ich sie tatsächlich eingeholt. Ich glitt aus dem Bett, schlich in die Küche, leerte einen vollen Sack Popcorn in eine Pfanne mit siedendem Öl, streute Unmengen von Zucker darüber und verschlang das Ganze auf einen Sitz. Und das war nur der Beginn des Kalorien-Festivals. Gegen Mitternacht stand ich am Herd, um Birnen zu braten, als plötzlich neben mir die fragile Gestalt der besten Ehefrau von allen auftauchte. Mit geschlossenen Augen näherte sie sich dem Wäschekorb und entnahm ihm etwa ein Dutzend Tafeln Schokolade, die sie sofort auswickelte. Auch mir gab sie davon, und ich zermalmte sie mit wohligem Grunzen.

Mittendrin erwachte mein Abmagerungsinstinkt. Ich kroch zum Telefon und wählte die Nummer der Überwachungs-Zweigstelle:

»Kommen Sie schnell... schnell... sonst essen wir... Schokolade...«

»Wir kommen sofort«, rief am anderen Ende der Dozent. »Wir sind schon unterwegs...«

Bald darauf hielt mit kreischenden Bremsen das Auto der Gewichtsüberwacher vor unserem Haus. Sie brachen durch die Tür und stürmten die Küche, wo wir uns in Haufen von Silberpapier, gebratenen Obstüberbleibseln und flüssiger Creme herumwälzten. Eine halbe Tafel Schokolade konnten sie noch retten. Alles andere hatte den Weg in unsere Mägen gefunden und hatte uns bis zur Unkenntlichkeit aufgebläht.

Der Dozent nahm uns auf die Knie, rechts mich, links die beste Ehefrau von allen.

»Macht euch nichts draus, Kinder«, sprach er väterlich. »Ihr seid nicht die ersten, denen das passiert. Schon viele unserer Mitglieder haben in wenigen Stunden alles Gewicht, das sie in Jahren verloren hatten, wieder zugenommen. Lasset uns von vorne anfangen.«

»Aber keinen Kohlrabi«, flehte ich mit schwacher Stimme. »Ich beschwöre Sie, keinen Kohlrabi.«

»Dann«, so der Dozent, »seien es Karotten...«

Wir haben die Reihen der überwachten Gewichtsabnehmer verlassen. Wir waren völlige Versager...

Na und. Gut genährte Menschen haben bekanntlich den besseren Charakter, sie sind freundlich, großzügig und den Freuden des Daseins zugetan, sie haben, kurzum, mehr vom Leben. Was sie nicht haben, ist Kohlrabi und Sauerkraut. Aber das läßt sich verschmerzen.

Die süssen Früchte der Massage

Mit Absicht habe ich bisher die sportliche Alternative, mit der sich abnehmen läßt, nicht erwähnt. Vor allem, um jene Leser nicht zu diskriminieren, die, ähnlich wie ich, Sportereignisse lieber auf dem Bildschirm sehen, als sich selbst dieser ermüdenden Tätigkeit hinzugeben.

Aber der menschliche Körper ist doch ein kleines Wunder. Wer es nicht selbst erlebt hat, würde nie glauben, daß man seine Muskeln, ohne sich zu bewegen, im Bett liegend trainieren kann.

Zur Illustration dieser These übergebe ich das Wort wieder meinem Freund Jossele. Es handelt sich um die dicke Selma.

»Sie war«, begann Jossele seinen Bericht, »die ewige Braut unseres Cafétiers Gusti. Ein prachtvolles Mädel, treu, liebevoll, häuslich, aber ein bißchen verfressen. Die beiden lebten seit Jahren zusammen, aber von Hochzeit war nie die Rede. Das fiel der dicken Selma allmählich auf, und nach einigem Nachdenken entdeckte sie auch die Ursache. ›Gut‹, sprach sie zu sich selbst, ›ich werde abnehmen. Wenn ich erst einmal mein überschüssiges Fett los bin, ist alles in Ordnung.‹ Was tut man, um abzunehmen? Man läßt sich massieren. Gusti kannte eine Masseuse, mit der er ein sehr gutes Verhältnis hatte, ohne daß es zu etwas geführt hätte. Vielleicht weil auch diese Dame sehr dick war, genau wie Selma. Sie kannte das Geheimnis der Abmagerungsmassage und versprach, Selma innerhalb Monatsfrist zu entfetten. Du kannst dir denken, wie es dabei zugegangen ist. Die dicke Selma lag auf der Pritsche, und die Masseuse fiel über sie her, schlug mit den Handkanten auf sie ein, knetete sie, rollte sie vom Bauch auf den Rücken und vom Rücken auf den Bauch, Tag für Tag, manchmal drei Stunden lang. Unmutig beobachtete Gusti den Erfolg der Behandlung. Ein Pfund nach dem anderen verschwand, das Fett wich fraulichem Charme, verborgene weibliche Reize traten zutage, und nach einem Monat führte Gusti die Geliebte seines Herzens zum Altar. Alle Hochzeitsgäste waren sich darüber einig, daß sie noch nie eine so hübsche, schlanke Braut gesehen hatten wie Abigail.«

»Abigail?« unterbrach ich. »Wer ist Abigail?«

»Die Masseuse«, antwortete Jossele. »Oder hast du geglaubt, die dicke Selma hätte vom Massieren abgenommen?«

Tutto von Spaghetti

Es ist hinlänglich bekannt, daß Auslandsreisen viele positive Aspekte haben. Das Abnehmen gehört leider nicht dazu.

Jedes Volk dieser Erde hat seine Nationalspeise. Die Israelis zum Beispiel haben ihren arabischen Skish-kebab, die Wiener die Frankfurter und die Frankfurter die Wiener. Das gefährlichste jedoch sind die italienischen Spaghetti, die keine bloße Nationalspeise, sondern eine psychopathologische, traumatisch vererbte Zwangshandlung sind. Die Italiener essen fast pausenlos, und fast pausenlos Spaghetti. Es gibt eigentlich nichts, wozu sie keine Spaghetti äßen. Wenn man ein Beefsteak bestellt, greift der Kellner zuerst einmal in einen Bottich mit Spaghetti. Ohne Spaghetti kein Fleisch, kein Fisch, keine Vorspeise, keine Nachspeise, keine Spaghetti. Einmal, als ihr wieder nichtbestellte Spaghetti serviert wurden, wagte meine todesmutige Gattin Einspruch zu erheben:

»Bitte, wir haben keine Spaghetti bestellt.«

»Signora«, wies der Kellner sie indigniert zurecht, »das sind keine Spaghetti. Das sind Allegretti con brio all pomodoro rosso di Ottorino Respighi.«

Denn die Italiener haben immer neue Namen für die immer gleichen Spaghetti. Man weiß eigentlich nie, was man ißt, wenn man Spaghetti ißt, außer, daß es Spaghetti sind. Proteste fruchten nichts, da kann man reden, soviel man will. Außerdem gehört es zur schwersten Bürde der Touristen, die Kunst des Aufwickelns zu erlernen. Nach Italien eingewanderte Familien brauchen oft drei Generationen lang, ehe sie es fertigbringen, diese acht Meter langen Gummischläuche richtig zu rollen.

Eines Tages, es war im schönen Bologna, wurde es mir zu dumm. Ich zog mein Taschenmesser heraus und zerschnitt die wildgewordene Spaghettischlange in kleine Stücke. Die beste Ehefrau von allen wollte vor Scham in die Erde versinken. Mich aber rettete meine Tollkühnheit vor dem Hungertod.

Da kam der Padrone dahergelaufen:

»Signore, was machen Sie? Spaghetti mit dem Messer?«

»Amigo«, extemporierte ich, »so essen wir sie in Mexiko, südlich von Guadelajara.«

Kreislauf der Eintöpfe

Die folgende kulinarische Geschichte rührt an die geheimnisvolle Welt der fernöstlichen Kochkunst im nicht ganz so fernen Westen, in Holland. Wer hätte gedacht, daß sich gerade dort der etwas überholte marxistische Lehrsatz vom Umschlag der Quantität in Qualität bestätigen würde, noch dazu mit flüssiger Schokolade übergossen.

»Können Sie uns ein gutes Restaurant empfehlen?« fragten wir den Portier unseres Amsterdamer Hotels, als es Zeit zum Abendessen wurde.

Wir waren sehr hungrig, die beste Ehefrau von allen und ich. In den letzten drei Tagen hatten wir ein holländisches Restaurant nach dem anderen ausprobiert, wobei wir uns teils nach unserem Instinkt richteten und teils nach den Preisen der am Eingang ausgehängten Speisekarten. Die Preise trogen uns nur selten, der Instinkt fast immer. So hatte zum Beispiel unsere letzte Mahlzeit aus hauchdünn geschnittenen Scheiben rohen Fisches bestanden. Eine holländische Spezialität, wie uns versichert wurde. Deshalb waren wir ja so hungrig.

Und deshalb beschlossen wir, uns endlich ein normales, ausgiebiges Menü zu gönnen.

»Wenn Sie wirklich gut essen wollen«, sagte der Portier, »empfehle ich Ihnen ein indonesisches Restaurant.«

Wir machten uns auf den Weg zum empfohlenen Restaurant »Bali«, reihten uns in die Schlange der draußen Wartenden ein und wurden, als wir endlich eintreten durften, von einem indonesischen Empfangschef begrüßt. Er hieß, wie ein an seinem Jackenrevers befestigtes Kärtchen bekanntgab, Max Fleischmann und führte uns nicht etwa an einen Tisch, sondern bat uns, an der Bar Platz zu nehmen. Sobald ein Tisch frei wäre, würde er uns rufen, in zehn oder längstens fünfzehn Minuten...

Wir nahmen an der Bar Platz und betrachteten, nur dann und wann vom Knurren unserer Mägen abgelenkt, das dicht gefüllte Lokal. Es war besonders geschmackvoll eingerichtet, mit girlandengeschmückten Bambusmatten, allerlei exotischen Pflanzen und diskreten Kerzen in kunstvoll verschlungenen Haltern, genau das, wofür die internationale Küche den Ausdruck »Schickimicki« geprägt hat. Zwischen den Tischen huschten auf lautlosen Sandalen viele kleine Indonesier herum, in folkloristische Pyjamas gekleidet, die Köpfe mit gebatikten Taschentüchern umhüllt. Es war sehr schön.

Als uns der Indonesier Fleischmann nach längstens einer halben Stunde an einen Tisch führte, wurde uns von einem herbeigehuschten Pyjama die Menukarte überreicht, ein exzessiv großes, in südbalinesischem Dialekt gehaltenes Schriftstück, auf dem es von Ausdrücken wie »Kroepoek«, »Gado-gacho«, »Nasigoreng«, »Orang-Utan« und dergleichen wimmelte. Aus unserer Ratlosigkeit erlöste uns Max mit der Mitteilung, daß alle diese Speisen ausgegangen seien und daß wir uns eine »Rijstafel à la Bali« bestellen sollten, die Spezialität des Hauses und ein tpyisch indonesisches Gericht. Mir fiel auf, daß es zugleich das teuerste Gericht des gcsamten Angebots war, aber ich bestellte es trotzdem.

In Sekundenschnelle war unser Tisch von weiteren vier Tischen umstellt, jeder mit der gebührenden Anzahl Kerzen und auf jedem ungefähr ein Dutzend flacher Schüsselchen voll des köstlichen Inhalts. Da gab es braungebratene Hühnerbrüste in dunkler Sauce, da gab es geräucherte Zunge und gebackene Fischfilets, Krustentiere und Sardinen, Brokkoli und Gurken, Edelpilze und Sojabohnensprossen, Bananenscheiben und Ananasringe, Süßes und Saures und eine Vielfalt paradiesischer Düfte.

»Aahh«, seufzte im Vorgeschmack der kulinarischen Genüsse die beste Ehefrau von allen. »Das ist der Ferne Osten in seiner ganzen prachtvollen Fülle. Man weiß gar nicht, wo man anfangen soll. Vielleicht nehme ich zuerst eine Schildkrötensuppe... dann die pikant gewürzten Champignons... dann eine Melone mit ausgelösten Krebsschwänzen... dann...«

In diesem Augenblick trat ein Kellner mit rosafarben verbundenem Kopf heran und entzog die Tische mit den Schüsseln unserem Zugriff.

»Ich anlichten Speisen wie in Indonesien«, verkündete er lächelnd und unter mehrfachen Verbeugungen. »Dankesön.«

Damit klatschte er einen Löffel Reis in die Schildkrötensuppe, tat ein paar Scheiben roter Rübe und grüner Gurke dazu, ließ einen Zwiebelring folgen, den er durch ein Näpfchen mit Zimt gerollt hatte, und krönte sein Werk mit einer in Honig getauchten Morchel.

»He!« rief ich dazwischen. »Wir keine Indonesier! Möchten alles extla! Nicht zusammen! Extla!«

»Speisen anlichten wie in Indonesien gut«, war die von tiefen Bücklingen begleitete Antwort. »Ich anlichten. Dankesön.«

Während die beste Ehefrau von allen verzweifelt zusah, wie ihr gebackener Fisch in Tomatenketchup getränkt und mit senfbestrichenen Ananasscheiben bedeckt wurde, griff ich blitzschnell nach einer noch unversehrten Hühnerbrust und versteckte sie unter meiner Serviette.

Zu spät. Der Rosafarbene hatte mich gesehen, nahm mir das Huhn wieder weg und tauchte es zur Strafe in die heiße Schokolade.

»Bitte Lechnung«, sagte ich tonlos.

»Nicht essen?« fragte unverändert lächelnd der Kellner. »Dankesön.«

Er zog einen indonesischen Block hervor und bedeckte ihn mit deutlich lesbaren arabischen Ziffern.

»Kaffee?« fragte er noch.
»Nein, dankesön.«
Ich zahlte. Von der Tür her sah ich ihn unsere beiden Teller behutsam in die Küche zurücktragen. Wahrscheinlich zerlegen sie dort das Angelichtete in seine Bestandteile und verteilen es wieder auf die einzelnen Schüsseln für die nächste Touristenrunde.

ZIGEUNERSCHNITZEL AUF
»FREMDE-GATTIN-ART«

Den Besuch eines ungarischen Restaurants schulde ich meinem magyarischen Magen. Sogar meine palästinensische Allerbeste mag die Pusztaküche ganz gern, vor allem in New York und in Los Angeles. In Budapest stört sie die Geräuschkulisse.

Das kleine Wirtshaus lag weit außerhalb der Stadt. Unser Gastgeber, stellvertretender Protokollchef des ungarischen Kultusministeriums oder irgend etwas dergleichen, hatte mit Absicht keines der internationalen Restaurants von Budapest ausgewählt, um mir und meiner Gattin ein intimes, zwiebelreiches Nachtmahl bieten zu können. Lei-

der verzichtete er auch auf die übliche Motorrades-
korte der Polizei, was die beste Ehefrau von allen
aufrichtig bedauerte.

»Schade«, bemerkte sie enttäuscht, »Motorrä-
der sind schick.«

Der kleine Gasthof war mit den Fahnen Israels
und Ungarns liebevoll geschmückt. Die ungarischen Fahnen hatten den materiell-dialektischen
Evolutionsprozeß der letzten Jahre in allen seinen
historischen Phasen bereits durchlaufen: Kapitalismus – Marxismus – Sozialismus – Kommunis-
mus – Kapitalismus.

Die rot-weiß-grünen Fahnen waren nicht nur
von Hammer und Sichel befreit, sie hatten auch
kein Loch mehr in der Mitte.

Die Vertreter der neugeborenen, freien ungarischen Presse umschwärmten mich und die Allerbeste. Ihre Blicke verrieten die souveräne Kenntnis
des aktuellen DM-Kurses. Es herrschte eine aus-
gesprochen glückliche Atmosphäre. Der in die
Fremde verirrte Sohn, ich meine mich, kehrt mit
vorbildlichem ungarischen Akzent und einer he-
bräischen Ehefrau heim.

Beides sollte mir aber schon sehr bald zum Ver-
hängnis werden...

Den heimischen nationalen Paprikáscsirka mit
Gurkensalat hatten wir bei stimmungsvoller Zigeunermusik hinter uns gebracht, und mein blen-
dend informierter Gastgeber aus dem Kultusmini-
sterium oder irgend etwas dergleichen hatte mich
soeben seiner Wertschätzung für den Wohlklang

meines neuen Requiems versichert, als die beste Ehefrau von allen ihren Blick vom angeknabberten Hühnerbein hob und mir zuflüsterte:

»Vorsicht, er kommt!«

Denn schon hatte der diensthabende Zigeunerprimas, das berühmte lüsterne Lächeln der Mona Lisa im Gesicht, direkten Kurs auf uns genommen. Sein Geigenbogen zielte direkt auf meine Brusttasche, um meine finanzielle Befindlichkeit höchst persönlich zu prüfen. Ich wäre wohl besser Tourist geblieben, statt mit meiner ungarischen Muttersprache zu prahlen...

»Bravo, das ist dir gelungen«, zischte mir meine Frau durch die Nockerln zu. »Jetzt haben wir ihn am Hals.«

Begreiflicherweise hat sie als stolze Wüstentochter keine allzu intime Beziehung zur ungarischen Folklore. Ein schmeichelnder Zigeunerprimas im Ohr macht sie schnell nervös, insbesondere beim Hauptgericht. Ich selbst liebe Zigeunermusik. Was mich nervös machte, war Mona Lisas Lächeln...

Um jedem Mißverständnis vorzubeugen: Wir beide schätzen die Zigeuner. Sehr sogar. Diesem ehrwürdigen Volk ist es gelungen, seine Eigentümlichkeit bis heute zu bewahren und die meistverfolgte Nation der Menschheitsgeschichte zu bleiben. Nach uns Juden natürlich. Aber ein zweiter Platz ist auch schön.

Die unerreichte Begabung der Zigeuner ist jedoch damals wie heute ihre Musikalität. Sie können keine Noten lesen, und doch spielen sie Geige schon vor ihrer Geburt wie die Engel. Bei besonderen Gelegenheiten sind sie sogar bereit zu singen. Und dies war leider eine solche Gelegenheit.

»Szeretnék május éjcakáján letépni minden orgonát«, flötete der Primas meiner orientalischen Frau ins Ohr. Das verführerische Lied sang vom Flieder, den man in lauen Mainächten pflücken möchte...

Aber im Nahen Osten kennt man keinen Flieder, vor allem nicht mit Wildbretsoße.

»Ephraim«, stieß meine Frau mich an, »tu doch was.«

»Was?« flüsterte ich. »W-a-s?«

Ja, hier hatten wir es wieder, das uralte gastro-musikalische Problem. Seit Menschengedenken kleben in jedem renommierten Restaurant die Magyaren dem Primas einen Geldschein auf die Stirn. Welch schöne Tradition. Die Sache hat jedoch zwei Haken: Klebt man, spielt der Primas weiter, um zu zeigen, daß er nicht des Trinkgeldes wegen spielt. Klebt man nicht, spielt der Primas so lange, bis er das Trinkgeld kriegt, um weiterzuspielen. Es gibt politische Lagen, für die es keine Lösung gibt.

»Schau ihn nicht an«, flüsterte meine Frau. »Laß uns ganz schnell streiten!«

»Worüber?«

»Egal, über Eselfleisch in der Salami zum Beispiel.«

Aus dem Stegreif entwickelten wir ein lautstarkes Streitgespräch in der melodischen Sprache der Bibel. Keine Chance. Natürlich kannte der Primas diesen alten Trick und ging unbeirrt zum »Megugrattak Hortobágyon a karámbol egy csikot« über, einem höchst beliebten Lied über junge Pferde, das sich allerdings in Beduinenkreisen noch nicht ganz durchgesetzt hat.

Währenddessen strebte das Festgelage seinem kulinarischen Höhepunkt zu. Da verriet uns unser Gegenüber, ein ausgefuchster Verleger, der Geiger sei kein anderer als der Primas Rajko Sandor XVI. Meine Frau vermutete sofort, daß diese Tatsache mindestens sechzehn Lieder zur Folge haben würde.

Rajko pfiff das Orchester herbei und ließ Nummer fünf anstimmen. Wir waren umzingelt.

Ich sah mich um und entdeckte deutliche Anzeichen von Schadenfreude in den donaublauen Augen meiner Gastgeber. Seit der Primas an unserem Tisch vor Anker gegangen war, konnten sie endlich ungestört essen.

»Mein Guter«, flüsterte mir meine Frau zu, »jetzt sollst du erleben, was ein echter Profi ist!«

Und sie erzeugte in Nullkommanichts einen solch überdimensionalen Hustenanfall, daß die Kronleuchter über uns zu schwanken begannen. Die beste Ehefrau von allen hustete, keuchte, röchelte, ächzte, stöhnte, schnappte nach Luft, trank einen Schluck Wasser und stimmte die Schocktherapie von neuem an.

»Luft holen! Luft holen!« brüllte ich auf arabisch und klopfte ihr heftig auf den Rücken. Wir hatten die Lage jetzt fest im Griff. Der Sieg schien auf unserer Seite. Tatsächlich zogen sich Rajko XVI. und seine vierzig Räuber zu ihrem Stützpunkt zurück...

Trotz Knoblauchbrot drückte ich innig die Hand der besten Ehefrau von allen:

»Eine Glanzleistung, mein Schatz.«

»Achtung«, erbleichte sie, »da kommt er wieder.«

Mit der Selbstverständlichkeit der weltbekannten ungarischen Gastfreundschaft hatte Protokollchef römisch Zwei umgehend den unerzogenen Rajko zurückbeordert. Es sei wirklich ungehörig, einen ausländischen Einheimischen wegen einer läppischen Bronchialattacke im Stich zu lassen.

Unser Primas ließ sich nicht zweimal bitten, nahm seinen Stammplatz am Ohr der besten Ehefrau von allen wieder ein und bediente sich aufs neue seines unerschöpflichen Repertoirs:

»Hideg szobor vagy meg sem értenél...«

Das Lied erzählte von einer leidenschaftlichen Dame, die sich so kühl gibt wie eine Statue aus Marmorstein. Vor meinem geistigen Auge sah ich die beste Ehefrau von allen in das Guinness Buch der Rekorde eingehen: »Einem israelischen Ehepaar gelang es in Ungarn... während 18 Stunden...«

»Nun gut«, flüsterte meine Frau vor ihren erkaltenden Palatschinken mit Nüssen und Schlagsahne mit Schokosplittern und ihren erlahmenden seelischen Kräften. »Wir haben keine andere Wahl. Los, fang an zu singen.«

Meine falsche Stimme hätte bestimmt gute Aussichten gehabt, dem Primas den Rang abzulaufen, aber um die schwangere Frau oder irgend etwas dergleichen des Protokollchefs römisch Zwei zu schonen, zog ich eine finanzielle Regelung vor.

Ich signalisierte dem Primas meine Kompromißbereitschaft.

»Erlauben Sie . . .«

Die erste Banknote zeitigte noch keinen Erfolg, die zweite jedoch lockerte bereits Rajkos Sträuben. Die dritte Banknote brach schließlich seinen Widerstand. Mit seinem Orchester nahm er an unserem Tisch Platz. Der alte Zimbalschläger setzte sich auf meinen Schoß.

Sie können also doch Noten lesen, die Zigeunermusiker.

Bald darauf schlossen wir enge Freundschaft bei einem Glas Egri Bikavér. Ich fragte den Primas, wie denn das Geschäft so laufe.

»Schlecht«, antwortete Sandor Rajko XVI. »Die demokratische Revolution hat uns Zigeuner in den Bankrott getrieben. Das kapitalstarke Politbüro ist geschlossen, die Funktionäre haben sich umschulen lassen. Wer hat jetzt noch Zaster in der Tasche für üppige Gelage mit Zigeunermusik?«

Vom ehrwürdigen, saftigen ungarischen Zigeunerschnitzel werden bald nur noch einige verwaiste Brösel übrigsein. Sic transit gloria mundi, wie die lybischen Oberkellner zu sagen pflegen.

ENTRECÔTE IM NIEMANDSLAND

Tief im Bois de Boulogne, an der Geburtsstätte der hochgepriesenen französischen Küche, liegt ein kleines, unauffälliges Restaurant, das nur von Einheimischen frequentiert wird. An jenem Sonntag quoll es von Gästen über, und am Eingang wartete eine Schlange eßlustiger Franzosen auf freie Plätze. Zwischen den dichtbesetzten Tischen eilten zwei schwitzende, unter der Last ihrer Arbeit gebückte Kellner hin und her und bestätigten aufs neue die alte Regel, daß es in einem französischen Restaurant entweder zuviel oder zuwenig Kellner gibt, aber nie die richtige Anzahl. So unverkennbar echt war die Atmosphäre, mit so authentischem Zauber nahm sie mich gefangen, daß ich in sträflichem Leichtsinn alle Warnungen erfahrener Touristen vergaß und mich an einen Tisch setzte, der wunderbarerweise vollkommen leer inmitten des Lokals stand. Lässig ließ ich mich auf den freien Stuhl fallen, es war nur ein einziger vorhanden, räkelte meine drahtigen Glieder und stellte nicht ohne Befriedigung fest, daß ich mich in verhältnismäßig kurzer Zeit bereits völlig dem Lebensstil der Franzosen angepaßt hatte. Dann griff ich nach der Karte, überflog sie mit geübtem Blick und entschied mich für ein Entrecôte.

»Garçon!« rief ich in bestem Französisch. »Un entrecôte!«

213

Der Kellner, einen Ausdruck aristokratischer Unnahbarkeit im Gesicht und sieben hochgetürmte Teller in den Händen, wischte an mir vorbei, ohne mich auch nur anzusehen. Ich wartete, bis er aus der Gegenrichtung wieder an meinem Tisch vorbeikam:

»Garçon! Un entrecôte!«

Diesmal würdigte mich der Aristokrat wenigstens eines flüchtigen Blicks, aber das war auch schon alles. Ich strich ihn aus der Liste meiner Bekannten. Ohnehin sah sein Kollege, der einen buschigen Schnurrbart trug, aussichtsreicher aus:

»Garçon! Un entrecôte!«

Der Angesprochene verschwand wortlos in der Menge. Jetzt wurde ich doch ein wenig unruhig. Rings um mich löste der größere Teil der Pariser Bevölkerung mit hörbarem Vergnügen das sonntägliche Ernährungsproblem. Und ich als einziger sollte hungrig bleiben? Als sich der Aristokrat wieder näherte, sprang ich auf und verstellte ihm den Weg:

»Garçon! Un entrecôte!«

Er rannte mich nieder.

Ein hungriges Knurren aus meiner Magengegend brachte mich jedoch in die Wirklichkeit zurück. Als der Schnurrbart wieder an meinem Tisch vorbeikam, erwischte ich ihn an den Frackschößen:

»Garçon! Un entrecôte!«

»Sofort«, antwortete er und suchte sich verzweifelt aus meinem Doppelnelson herauszuwinden.

214

Aber ich ließ nicht locker. Ich stellte ihm die Frage, die mich schon seit einiger Zeit beschäftigte:

»Warum geben Sie mir nichts zu essen?«

»Das ist nicht mein Tisch!«

Er begleitete diese Auskunft mit einigen heftigen Tritten gegen mein Schienbein.

Ich ließ ihn los. Wenn das nicht sein Tisch war, dann hatte ich kein Recht, ihn zurückzuhalten.

Inbrünstig wandte ich mich jetzt dem Aristokraten zu, suchte durch lautes Klatschen seine Aufmerksamkeit zu erregen und durch Dazwischentreten seinen Weg zu blockieren.

Spielend durchbrach er den Engpaß.

Jetzt begann mein Erfindungsgeist zu arbeiten. Ich konstruierte eine, wenn auch primitive, Falle. Als er das nächste Mal, bepackt mit einer enormen Ladung Desserts, an mir vorbeieilen wollte, sprang ich auf, schob meinen Stuhl hinter ihn und schnitt ihm so blitzschnell den Weg ab. Wie ein Obelisk stand ich vor ihm. Jetzt gab es kein Entrinnen mehr:

»Garçon! Un entrecôte!«

Er versuchte einen strategischen Rückzug, wurde aber durch meine Barrikade blockiert.

»Monsieur«, sagte er und maß mich mit einem mörderischen Blick. »Das ist nicht mein Tisch.«

Ich verstand. Endlich verstand ich. Das also war

der Grund, warum dieser Tisch so wunderbarerweise leerstand. Es war ein Niemandstisch im Grenzgebiet zwischen zwei Großmächten, ein verlassener Vorposten am Rand der Wüste, wo nachts die Schakale heulen und höchstens dann und wann ein Beduine auftaucht. Instinktiv sah ich unter den Tisch, ob dort nicht vielleicht ein paar Skelette lägen.

Mit elementarer Gewalt ergriff mich das wohlbekannte, urmenschliche Bedürfnis, zu irgend jemandem zu gehören.

Nichts ist schlimmer als Einsamkeit. ›Ephraim‹, sagte ich zu mir selbst, ›du mußt etwas tun. Du mußt bei einem Kellner deine de-facto-Anerkennung durchsetzen.‹

Mit letzter Kraft sprang ich auf und winkte dem Schnurrbart, der mit einer Lieferung angenehm duftenden Geflügels unterwegs war:

»Garçon! L'addition!«

Der Schnurrbart warf mir einen Blick zu, aus dem klar hervorging, daß er auf diesen schäbigen Trick nicht hereinzufallen gedenke, und setzte seinen Weg fort.

In diesem Augenblick trat eine unvorhergesehene Wendung der Dinge ein, und zwar in Gestalt eines vierschrötigen, glatzköpfigen Mannes, der sich vor der Küchentür aufpflanzte und einen selbstbewußten Feldherrnblick über das Terrain schweifen ließ.

Der Chef!

Ich stürzte auf ihn zu und schilderte ihm mit

bitteren Worten, wie seine Kellner mich behandelten.

»Schon möglich«, meinte er gleichgültig. »Ich habe gerade mit einem dritten Kellner Kontakt aufgenommen. Angeblich kommt er Ende der Woche... Vielleicht daß er...«

»Aber was mache ich bis dahin?«

»Hm. Haben Sie unter den Gästen nicht vielleicht einen Bekannten, der für Sie bestellen könnte?«

Der Chef zog sich in die Küche zurück, während ich meinen hoffnungslosen Platz im Niemandsland wieder einnahm. Der Hunger trieb mich zur Verzweiflung. Ich mußte über die Grenze gelangen, koste es, was es wolle.

Unauffällig, mit kleinen, sorgfältig berechneten Rucken, begann ich den Tisch im Sitzen aus dem Niemandsland hinauszuschieben. Zoll um Zoll, langsam, aber unaufhaltsam, kämpfte ich mich zum Territorium des Schnurrbarts durch, von jeder Deckung Gebrauch machend, die sich unterwegs bot.

›Bald‹, so ermunterte ich mich, ›bald bin ich unter Menschen... die Rettung ist nahe...‹

Nichts da. Die Grenzpolizei schnappte mich. Und an dem Schicksal, das einem ausländischen Eindringling bevorstand, war nicht zu zweifeln:

»Schieben Sie den Tisch sofort zurück!« herrschte der Schnurrbart mich an.

Was jetzt über mich kam, läßt sich rational nicht erklären. Es wurzelt tief in archaischen Trieben.

217

Mit einem heiseren Aufschrei warf ich mich über den Kellner, riß vom obersten Teller eine halbe Ente an mich und schob sie in den Mund. Sie schmeckte betörend. Schon streckte ich die Hand nach den Petersilienkartoffeln aus, da schrie der Chef aus der Küche heraus:

»Monsieur, was tun Sie da?«

»Warten Sie, bis Sie bedient werden«, zischte der Schnurrbart.

»Sie sind hier nicht im Ritz«, sagte der Aristokrat.

Von diesen beiden war nichts zu erwarten. Ich wandte mich an den Chef:

»Ich habe eine Idee«, beschwor ich ihn. »Engagieren Sie mich als Kellner.«

Nachts, nach meinem Dienst, bekam ich dann ein Entrecôte als Garçon. Die französische Küche ist wirklich exzellent.

PR MIT GEÖLTER STIMME

Über die amerikanische Küche läßt sich schlecht sprechen. Es gibt sie nicht. In den Vereinigten Staaten gibt es vor allem thailändische, chinesische, italienische Restaurants, was amerikanisch ist, ist die Werbung dafür.

Ich selbst war tätig in diesem Gewerbe, angestiftet von meiner New Yorker Tante, die bis heute Trude genannt wird.

»In Amerika«, sprach meine Tante Trude, als wir eines Abends den Stadtteil Brooklyn durchwanderten, »in Amerika kannst du ohne Publicity keine Karriere machen.«

»Ich weiß«, antwortete ich kleinlaut. »Aber wie soll ich das anfangen?«

»Du mußt im Fernsehen auftreten. Das wäre das beste. Oder etwas Ähnliches. Glücklicherweise habe ich ausgezeichnete persönliche Verbindungen sowohl zum Rundfunk wie zum Fernsehen. Im Rundfunk wird es leichter sein, weil ich im Fernsehen niemanden kenne.«

Der Rest war ein Kinderspiel. Meine Tante trifft bei ihrem Friseur gelegentlich mit Frau Traubman zusammen, die seit sechzig Jahren in einem Radiosender New Yorks die beliebte »Fanny-Swing-Show« leitet. Ja mehr als das, Frau Traubman ist mit Fanny Swing identisch und verfügt sowohl in Brooklyn wie in der Bronx über eine große Anhängerschaft, besonders unter den Hausfrauen.

Wenige Tage später kam Tante Trude vom Friseur nach Hause. Ihr Gesicht strahlte unter den frisch gelegten Dauerwellen.

»Perl Traubman erwartet dich morgen um 7 Uhr 30 im Studio 203. Ich habe ihr gesagt, daß du Beat-Lyrik schreibst und ein Oberst bei den Fallschirmjägern bist, und sie war sehr beein-

219

druckt. Du bist auf dem Weg zu einer amerikanischen Karriere.«

Wir fielen einander schluchzend in die Arme.

Frau Traubman-Swing ist eine freundliche Dame von Anfang Sechzig und sieht auch nicht viel älter aus, wenn man ihre knallblond gefärbten Haare und ihre grellrot geschminkten Lippen abzieht. Ich mußte in Studio 203 eine halbe Stunde auf sie warten, denn sie erschien erst knappe zwei Minuten vor Beginn der Life-Sendung und begann sogleich die verschiedenen Meldungen vorzulesen, die man im Senderaum für sie vorbereitet hatte. Als sie fertig war, schüttelte sie mir zur Begrüßung die Hand und fragte:

»In welcher Synagoge singen Sie, Herr Friedmann?«

Ich stellte mich als der lyrische Oberst von Tante Trudes Frisiersalon vor.

»Richtig, richtig.« Frau Traubman blätterte gedankenvoll in den vor ihr liegenden Papieren. »Kantor Friedmann kommt ja erst nächste Woche. Schön, wir können anfangen.«

Ein rotes Lämpchen flammte auf, ein mürrischer Glatzkopf kam in den Raum geschlurft, rief dreimal »Fanny« ins Mikrophon und setzte sich zu uns an den Tisch. Frau Traubmans Stimme, die eben noch geschäftsmäßig zerstreut geklungen

hatte, nahm das schwelgerische Timbre einer ver-
liebten Nachtigall an:

»Guten Morgen, Freunde. Sie hören Ihre
Freundin Fanny Swing aus New York. Draußen
regnet es, aber wenigstens ist es nicht feucht, sondern kühl. Sollte der Winter gekommen sein? Und
weil wir schon von ›gekommen‹ sprechen: In unser
Studio ist heute ein sehr lieber Besuch gekommen,
ein guter alter Freund, dessen Name Ihnen allen
bekannt ist, besonders den Besuchern der Or-Ka-
buki-Synagoge...«, hier machte ich mich mit einer Handbewegung bemerkbar, die Frau Traubman sofort kapierte, »...aber auch alle anderen
werden den großen jüdischen Dichter kennen, der
soeben eine kurze Inspektionsreise durch die Vereinigten Staaten unternimmt. Er ist aktiver Oberst
in der Luftwaffe und Reserve-Astronaut. Wie geht
es Ihnen, Herr Kitschen?«

»Danke«, antwortete ich in fließendem Englisch. »Sehr gut.«

»Das freut mich. Wie gefällt Ihnen New York?«

»Sehr gut, danke.«

»Waren Sie schon im Theater?«

»Noch nicht, aber ich habe für übermorgen eine
Karte zu einem erfolgreichen Musical, und was
mein eigenes Stück betrifft –«

»Jakobovskys Speiseöl kocht von allein«, bemerkte Frau Traubman freundlich. »Für eine
leicht verdauliche und dennoch nahrhafte Mahlzeit, für Sirup und Salat, für Gebäck und Gemüse,
nur Jakobovskys Speiseöl. Was meinst du, Max?«

221

Das war keine rhetorische Frage. Sie richtete sich vielmehr an den mürrischen Glatzkopf von vorhin, der seine Zeitungslektüre widerwillig unterbrach und sich ein wenig zum Mikrofon vorbeugte. Er war, wie ich später erfuhr, der politische Kommentator und Theaterkritiker des Senders, half aber auch bei den Werbespots der Fanny-Swing-Show mit.

»Jakobovskys Speiseöl ist das beste koschere Öl der Welt«, bestätigte er. »Nichts schmeckt besser als Jakobovsky!«

Er schmatzte hörbar mit den Lippen und vertiefte sich wieder in die Lektüre seiner Zeitung.

»Jakobovskys Speiseöl enthält keinen Lebertran«, resümierte Fanny Swing, und dann war wieder ich an der Reihe: »Sie schreiben Ihre Gedichte allein, Herr Kitschen?«

»Ja«, antwortete ich, »danke.«

»A schejn git'n Tug«, ließ Fanny sich daraufhin vernehmen. »Mein Großvater hat immer jiddisch gesprochen, wenn er wollte, daß wir Kinder ihn verstehen. Er hat auch Gedichte geschrieben. Nicht jiddisch, sondern russisch. Gott hab ihn selig.«

Ich konnte geradezu spüren, wie mein Ruhm von Minute zu Minute wuchs. Dank meiner Teilnahme an dieser grandiosen Sendung würde er demnächst Alaska erreicht haben. Es war ja auch wirklich keine Kleinigkeit, an der Fanny-Swing-Show mitzuwirken. Manch einer würde sich das etwas kosten lassen, und ich durfte es ganz umsonst tun. Tante Trude bezifferte den Höreranteil

222

auf 55 Prozent bei schlechtem Wetter. So etwas will ausgenützt sein.

»Jiddisch und Russisch sind schöne Sprachen«, sagte ich. »Was mich betrifft, so schreibe ich hebräisch.«

»Wie schön!«

»Ja, danke.«

»Ich für meine Person habe keine Sorgen mit dem Essen«, tröstete mich Frau Traubman. »Jakobovskys Speiseöl kocht von allein. Ob Fleisch oder Teigwaren, ob Braten oder Beilagen – es gibt nichts Besseres als Jakobovskys Speiseöl. Nicht wahr, Liebling?«

»Ich koche nur selten«, antwortete ich, »aber ...«

Fanny Swing machte eine nervöse Gebärde zum mürrischen Glatzkopf hin, der die Situation sofort erfaßte:

»Jakobovskys Öl ist koscher bis zum letzten Tropfen. Für mich gibt es nur mit Jakobovskys Öl zubereitete Speisen.«

»Schmackhaft und leicht verdaulich. Kein Lebertran, kein Öl, dann Jakobovsky«, bekräftigte Fanny, ehe sie sich aufs neue mir zuwandte: »Herr Friedmann, wo werden Sie zu den Feiertagen singen?«

»Ich habe mich noch nicht entschieden«, sagte ich wahrheitsgemäß.

»Wir alle kommen in Ihre Synagoge, um Sie zu hören.«

»Das freut mich.«

»Ich bin sicher, daß Sie großen Erfolg haben werden, Herr Friedmann.«

»Wie sollte ich nicht?« fragte ich. »Mit Jakobovskys Speiseöl gibt's keinen Fehlschlag.«

»Sehr richtig. Es kocht von allein.«

»Jakobovskys Speiseöl ist das beste«, ergänzte ich bereitwillig. »Hab' ich nicht recht, Max?«

»Für mich gibt's nur Jakobovsky«, improvisierte Max. »Koscher, schmackhaft und leicht verdaulich.«

Ich schnalzte mit den Lippen ins Mikrofon.

Frau Jakobovsky-Swing sah nach der Uhr:

»Vielen Dank, Herr Friedmann. Es war schön, Sie als Gast in unserem Studio zu haben und einmal aus wirklich kompetentem Mund etwas über den Synagogengesang zu hören. A git'n Tug, Mister Friedmann.«

Ich widersprach nicht mehr. Ich hatte den Ölkrieg verloren.

Marathon der Gemütlichkeit

Essen ist nicht nur die zweitschönste Sache der Welt, sondern auch die zweitnatürlichste. Für ein bekömmliches Abendessen braucht man nichts weiter als ein gutes Landbrot, frische Butter, Lachs, Schinken, Käse, eine bestimmte Anzahl von Zähnen und ein wenig Appetit.

Die unnatürliche Seite der Medaille zeigt sich, wenn man diese einfache Mahlzeit in Gesellschaft zu sich nehmen will. Das kann unter gewissen Umständen statt in ein gemütliches kleines Restaurant in ein großes Irrenhaus führen. Dazu braucht man lediglich ein peruanisches Ehepaar, einen Babysitter und ein funktionierendes Telefon.

Vorgestern lief mir Gerschon über den Weg und sagte, hallo, höchste Zeit, lange nicht gesehen, und warum kommen wir nicht heute abend zusammen und gehen irgendwohin oder in ein anderes Lokal. Ich stimmte zu, und wir wollten nur noch unsere Frauen zu Rate ziehen, jeder die seine, und dann besprechen wir's endgültig.

Ich muß vorausschicken, daß meine Frau und ich mit Gerschon und Zilla befreundet sind und uns immer freuen, sie zu sehen, ganz ohne Formalitäten, einfach, um gemütlich mit ihnen beisammen zu sitzen und zu essen, nichts weiter.

Als ich Gerschon gegen Abend anrief, war Zilla noch in ihrem Yoga-Kurs, sie käme ungefähr um halb sieben, sagte er, und dann würde er sofort zurückrufen und unser Rendezvous fixieren. Der Einfachheit halber schlug ich als Treffpunkt »Chez Mimi« vor, ein kleines neues Lokal, aber Gerschon sagte nein, ausgeschlossen, neue Lokale sind bekanntlich immer überlaufen und man bekommt nie einen Tisch, gehen wir doch lieber ins »Babalu«, dort gibt es wunderbare Topfenpalatschinken.

An dieser Stelle griff die beste Ehefrau von allen ein, riß den Hörer an sich und machte Gerschon darauf aufmerksam, daß eine einzige Topfenpalatschinke 750 Kalorien enthalte, und »Babalu« käme nicht in Frage, in Frage kommt »Dudiks Gulaschhütte«, Ende der Durchsage. Papperlapapp, sagte Gerschon, die Gulaschhütte ist auch nicht mehr, was sie war, und er persönlich habe nun einmal eine Schwäche für Topfenpalatschinken, Kalorien oder nicht. Es wurde beschlossen, die Wahl des Lokals in Schwebe zu lassen und Zillas Heimkehr vom Yoga abzuwarten.

Kurz darauf rief Frau Frankel an. Die Frankels sind alte Bekannte von uns. Sie leben in Peru, befanden sich auf Kurzbesuch in Israel und würden sich wahnsinnig freuen, wenn sie uns noch heute abend bei einem Imbiß sehen könnten, morgen fliegen sie nach Peru zurück. Ich erzählte ihnen, daß wir bereits eine Verabredung mit einem befreundeten Ehepaar hätten, zwei reizende Leute, die ihnen bestimmt gefallen würden. Na schön, dann sollen sie in Gottes Namen mitkommen, sagte Frau Frankel. Ich versprach ihr, im Hotel anzurufen, sobald wir von Gerschon und Zilla hörten.

Kaum hatte ich aufgelegt, beschimpfte mich die beste Ehefrau von allen, Gerschon würde den Frankels ganz und gar nicht gefallen, denn er benähme sich zu ausländischen Besuchern immer sehr schlecht.

Wie recht du doch hast, Liebling, sagte ich, daran hatte ich nicht gedacht, aber jetzt ist es zu spät. Andererseits brauchen wir uns den Kopf nicht zu zerbrechen, denn von Gerschon und Zilla haben wir ja noch keine Nachricht, und vielleicht sagen sie das Abendessen überhaupt ab.

Deshalb rief ich Gerschon an, aber Zilla war noch immer nicht da, sie hatte sich offenbar verspätet. Außerdem sei ein neues Problem aufgetaucht: Töchterchen Mirjam, der kleine Schwachkopf, hatte wieder einmal den Wohnungsschlüssel vergessen, und man müsse warten, bis sie nach Hause kommt, mindestens bis halb acht.

Unter diesen Umständen schien es mir wenig sinnvoll, die Frankels zu erwähnen. Keine Eile. Es kann ja noch alles mögliche passieren. Man soll die Brücken hinter sich erst abbrechen, wenn man vor ihnen steht, sagt das Sprichwort. Oder so ähnlich.

Für alle Fälle begannen wir mit den Vorbereitungen für ein gemütliches Abendessen. Die Studentin Tirsa, die bei uns gewöhnlich babysittet, war nicht zu Hause, aber ihr kleiner Bruder meinte, wir könnten sie bei Tamar, ihrer besten Freundin, telefonisch erreichen.

Daran hinderte uns zunächst ein Anruf von den Frankels, diesmal von ihm: ob uns neun Uhr in der Hotelhalle recht sei? Gewiß, sagte ich, nur müsse ich das erst mit unseren Freunden abstimmen, ich rufe zurück.

Bei Gerschon antwortete Zilla, fröhlich und yogagestärkt und ganz Ohr für meine Mitteilung, daß wir Besuch von Freunden aus Peru hätten, reizende Leute, sie warten in der Halle ihres Hotels und würden ihr bestimmt gefallen, oder vielleicht möchte sie lieber ein anderes Mal mit uns abendessen?

Nein, warum, sagte Zilla, sie habe nichts dagegen, unsere Freunde zu sehen, Gerschons Einverständnis vorausgesetzt, er sei gerade mit dem Hund draußen, in ein paar Minuten komme er zurück und gebe uns Bescheid. Aber warum in der Hotelhalle? Hotelhallen sind kalt und ungemütlich. Warum nicht im Café Tutzi? Ausgeschlossen, sagte ich, dort hatte ich Krach mit der schielenden Kellnerin, schüttet mir Zwiebelsuppe über die Hosen und entschuldigt sich nicht einmal, warten wir

232

lieber auf Gerschon und verständigen wir uns dann über einen anderen Treffpunkt.

Jetzt konnte meine Frau endlich bei Tamar anrufen, aber Tirsa war schon weggegangen. Sie melde sich vielleicht noch einmal bei ihr, sagte Tamar, und wir sollten noch einmal anrufen.

Als nächstes kam der fällige Anruf von Gerschon: Zilla habe ihm von den Peruanern erzählt, und was mir denn einfiele, als ob ich nicht wisse, daß er gegen Touristen allergisch sei. Ich beruhigte ihn, die Frankels wären keine gewöhnlichen Touristen und vor allem keine gebürtigen Peruaner, es handele sich um zwei reizende Leute, die ihm bestimmt gefallen würden, und wir sind jetzt alle um neun Uhr in der Hotelhalle verabredet, um dann in der Nähe ein kleines, nettes Bistro zu finden. Also gut, sagte Gerschon, hoffentlich komme seine schwachsinnige Tochter bis dahin nach Hause.

Dann rief Tamar an, Tirsa habe sie angerufen und komme zu uns Babysitten, allerdings nicht vor 21 Uhr 45, sie sei soeben dabei, sich die Haare zu waschen, und da sie, Tamar, jetzt eine Verabredung habe und weggehe, müßten wir uns sofort entscheiden, ob wir mit 21 Uhr 45 einverstanden seien, ja oder nein.

Ich bat sie, zwei Minuten zu warten, und rief

Gerschon an, um die Verschiebung mit ihm zu klären. Glücklicherweise hatte sich das Problem mit seiner Tochter Mirjam inzwischen erledigt, sie war mit Juki, ihrem Freund, ins Kino gegangen und würde Gerschons Berechnung zufolge nicht länger als bis 21 Uhr 30 fortbleiben, also spreche nichts gegen 21 Uhr 45, obwohl er schon ziemlich hungrig sei.

Schon wollte ich den Hörer auflegen, als ich aus Gerschons Hintergrund die Stimme Zillas hörte, das sei doch blödsinnig, sich quer durch die halbe Stadt zu schleppen, und warum treffen wir uns nicht in irgendeinem Espresso irgendwo in der Nähe.

Daraufhin ertönte aus meinem eigenen Hintergrund die Stimme der besten Ehefrau von allen, sie denke nicht daran, den Abend in einem schäbigen Espresso zu verbringen, sie nicht, vielleicht Zilla, aber sie nicht.

Wir ließen die Frage offen, und ich legte den Hörer auf.

Gleich darauf nahm ich ihn wieder ab, es war Frau Frankel, um unser gemütliches Abendessen auf 22 Uhr 15 zu verschieben. In Ordnung, sagte ich, 22 Uhr 15 ist eine angenehme Zeit, aber wir haben Freunde aus Peru zu Besuch, reizende Leute, die wir in ihrer Hotelhalle treffen sollen. Das trifft sich gut, sagte Frau Frankel, sie selbst und ihr Mann seien unsere Freunde aus Peru, und dann hätten also alle Beteiligten den neuen Zeitpunkt akzeptiert. Den Zeitpunkt schon, sagte ich, aber als Treffpunkt lehne Zilla einen Espresso ganz entschieden ab. Frau Frankel reagierte überraschend sauer, wieso Espresso, was soll das, wenn sie und ihr Mann eigens kämen, um uns zu sehen, könnten wir uns wirklich etwas Besseres aussuchen als ein schäbiges Espresso. Richtig, sagte ich, das stimmt, und sie solle mir nur noch ein wenig Zeit für eine Rückfrage bei meinen Freunden geben.

Ich rief sofort bei Tamar an, um Tirsas 22 Uhr 15 zu bestätigen, aber Tamar war bereits von ihrem Freund abgeholt worden und hatte bei der Hausfrau lediglich eine Telefonnummer zurückgelassen, wo ich Tirsa nach 22 Uhr erreichen könnte.

Dann war Herr Frankel am Telephon und wollte wissen, warum das alles so lange dauert, und da seine Stimme nun schon recht ausgehungert klang, schlug ich ihm vor, den gordischen Knoten einzufädeln und sich direkt bei Gerschon und Mirjam und Juki zu erkundigen, ich würde unterdessen alles mit Tirsa regeln, und wir könnten uns anschließend in einem kleinen Kaffeehaus in der Stadtmitte oder vielleicht anderswo gemütlich zusammensetzen.

Meine Versuche, Tirsa zu erreichen, blieben erfolglos, weil die Nummer, die Tamar für mich hinterlassen hatte, immer besetzt war, aber dafür erreichte mich Zilla: Sie hätte ein langes Telefongespräch mit Herrn Frankel gehabt und fände ihn sehr sympathisch, spätestens um halb elf, wenn die Kinder nach Hause kämen, könnten sie und Gerschon weggehen. Ins Café Metropol, rief Gerschon dazwischen. Das Café Metropol schließt um elf, sagte ich. Das glaube sie nicht, sagte Zilla. Aber sie würde für alle Fälle dort anrufen und uns das Ergebnis mitteilen.

Als nächstes hörten wir von Frau Frankel. Ihr Taxi warte schon seit einer Viertelstunde, und sie habe vergessen, wo sie uns und das Ehepaar Zilla treffen solle. Nein, sagte ich, nicht Zilla, sondern Juki, im Café Metropol, falls es noch offen sei, und es sei am besten, Tirsa danach zu fragen, die Nummer liegt bei Mirjams Hausfrau.

Was weiter geschah, weiß ich nicht mehr genau. Ich glaube, daß Gerschon gegen halb zwölf aus dem Kino zurückkam und warten mußte, bis Tamar den Hund gewaschen hatte, während ihr Freund und Frau Frankel ins Café Metropol fuhren, aber da es dort nichts mehr zu essen gab, landeten sie schließlich im Café Tutzi bei einem kleinen Gulasch, das die schielende Kellnerin über Jukis Hosen schüttete.

Wir selbst, die beste Ehefrau von allen und ich, blieben zu Hause, stellten das Telefon ab und fielen in unsere Betten. Dann kam unser Babysitter. Was mich betrifft, so können sich sämtliche peruanischen Yogakursteilnehmer im nächsten Bistro gemütlich aufhängen.

Die Rotisserie einer Gattin

Wie man gelesen hat, können wir auch im Teamwork bestehen, meine Frau und ich. Der einzige Fall, wo keine wie immer geartete gastronomische Zusammenarbeit zwischen uns denkbar ist, betrifft eine unheilbare Schwäche meiner Besten, ihre Neigung, sich umzudrehen.

Wenn wir nämlich, die beste Ehefrau von allen und ich, in einem öffentlichen Lokal sitzen, im Kaffeehaus, in einem Restaurant oder einem Weinkeller, und wenn hinter uns jemand sich nähert, den ich nicht zu sehen wünsche, brauche ich meiner Frau nur ins Ohr zu flüstern:

»Die Seligs kommen. Dreh dich bitte nicht um!«, und schon hat sie sich umgedreht. Im selben Augenblick, ohne auch nur eine Sekunde zu zögern, und möglichst auffallend. Sie starrt die Seligs, die sich angeblich in Scheidung befinden, unverwandt an, während ich vor Scham in den

Boden des Restaurants versinken möchte. Die Seligs kehren uns daraufhin indigniert den Rücken und entziehen uns ihre letzten Sympathien.

Oft und oft habe ich nach solchen Zwischenfällen meine Frau angefleht, sich nicht so hemmungslos gehenzulassen, habe ihr geduldig erklärt, daß der Mensch, einschließlich der Frau, sich beherrschen müsse, daß Neugier der Grund allen Übels sei und Disziplin die höchste aller Tugenden – es hilft nichts. Was ich denn habe, will sie wissen. Die Seligs hätten ihren Blick ja gar nicht bemerkt, und ich bilde mir das alles nur ein.

Überflüssig zu sagen, daß die Seligs ihren Blick natürlich bemerkt haben. Er vielleicht nicht, aber seine Frau ganz bestimmt. Wahrscheinlich hatte er sie bei unserem Anblick gebeten, sich nicht nach uns umzudrehen.

Manchmal versuche ich, der Katastrophe zuvorzukommen und beschwöre meine Frau gleich beim Eintritt in das Lokal, sich nach niemandem umzudrehen und niemanden anzustarren, unter gar keinen Umständen, du mußt dich zurückhalten, ich bitte dich händeringend ...

Und noch während ich mitten im Satz bin, dreht sie sich um und starrt an.

Selbst meine raffiniertesten Tricks bleiben in diesem Zusammenhang erfolglos. »Nicht hinschauen!« zische ich und schaue angestrengt nach rechts, als komme Ziegler, der mir seit 30 Jahren 2000 Pfund schuldet, aus dieser Richtung, obwohl er von links kommt. Ausnahmsweise dreht meine

Frau sich nach links, um mir einmal eine Freude zu machen, und daher weiß Ziegler ganz genau, daß ich ihr gerade von seiner Schuld erzählt habe. Das ist mir sehr unangenehm.

Der Psychiater, bei dem ich Rat holte, brachte mir volles Verständnis entgegen.

»Auch meine Frau leidet an der Drehkrankheit«, gestand er. »Es scheint sich hier um eine archetypische Erbschaft aus dem Paradies zu handeln, um den unwiderstehlichen Zwang, ein von höherer Stelle ergangenes Verbot zu durchbrechen. Denken Sie nur an Lots Weib. Aber ich kann Ihnen einen guten Rat geben: statt Ihrer Frau das Umdrehen zu verbieten, sollten Sie sie ausdrücklich dazu auffordern.«

Das leuchtete mir ein. Im Café California probierte ich diese Methode zum erstenmal aus. Kaum hatte der in eine aufsehenerregende Betrugsaffäre verwickelte Dr. Bar-Honig das Lokal betreten, sah ich meine Frau an und flüsterte ihr zu:

»Schau zur Tür. Bar-Honig ist gekommen.«

Und meine Frau, die beste Ehefrau von allen, sah folgsam zur Tür und starrte Bar-Honig an.

»Hör zu, Liebling«, fauchte ich sie in kaltem Zorn an, »könntest du diese peinliche Angewohnheit nicht ablegen?«

»Können kann ich«, sagte die beste Ehefrau von allen, »aber wollen will ich nicht.«

»Warum?«

»Weil du nie pünktlich zu Tisch kommst.«

Fortsetzung folgt.

Ristorante Santa Helena

Zugegeben, das ist fraglos eine dicke Fliege in der Suppe unserer sonst glücklichen Ehe, diese ärgerliche Rücksichtslosigkeit von mir, nicht sofort zu Tisch zu kommen, wenn meine Frau verkündet, daß das Essen serviert ist. Ich schwöre, daß ich nicht weiß, warum ich ihr das antue, und schon gar nicht weiß ich, warum alle Ehemänner das immer wieder ihren Frauen antun.

Vielleicht ist es ein unbewußter Prozeß gegen ihre selbstherrliche Art, die Essenszeit zu bestimmen, ohne vorher zu fragen. Vielleicht haben auch ihre Kochkünste etwas nachgelassen. Vielleicht findet sich hier ein unerwarteter historischer Einfluß, wenn wir der folgenden symbolischen Geschichte glauben dürfen. Es ist eine ziemlich perfide Utopie über die letzten Tage des Kaisers Napoleon. Obwohl sie genausogut von meinem Waterloo am Familientisch handeln könnte.

Die Sonne ging über den Schlachtfeldern auf. Im Sitzungssaal seines Landschlößchens stand der Kaiser, umgeben von seinen Marschällen und Generälen, am Tisch mit der großen Landkarte, um die letzten Anordnungen für den entscheidenden Zusammenstoß mit Europas Monarchen zu treffen. Sein Selbstbewußtsein und sein strategisches Genie hatten unter dem Exil auf Elba in keiner Weise gelitten. Nur sein Haar war ein wenig schütter geworden und zeigte an den Schläfen die ersten silbernen Strähnen.

In der Ferne hörte man vereinzeltes Artilleriefeuer, Blüchers Armee marschierte vom Norden her gegen Waterloo. Man glaubte zu spüren, wie die Welt den Atem anhielt.

»Napoleon! Dein Frühstück ist fertig.«

In der Tür erschien Sarah, Napoleons dritte Ehefrau und die beste von allen, ihre Frisur von einem hinten zusammengeknoteten Kopftuch geschützt, in der Hand ein Staubtuch.

Der Kaiser hatte sie auf Elba geheiratet. Wie es hieß, entstammte sie einer der besten Familien der Insel.

»Das Frühstück wird kalt, Napoleon«, rief die Kaiserin. »Komm zu Tisch. Deine Freunde hier werden nicht weglaufen. Ach Gott, ach Gott...«

Und während sie sich mit dem Staubtuch an einigen Möbelstücken zu schaffen machte, wandte sie sich an den respektvoll schweigenden Generalstab: »Jeden Tag die gleiche Geschichte. Ich frage ihn, Napoleon, willst du essen oder willst du nicht essen, sag ja oder nein, er sagt ja, ich mach' das Essen, und kaum ist es fertig, hat er plötzlich irgend etwas zu tun, stundenlang läßt er mich warten, ich muß das Essen immer von neuem aufwärmen, erst gestern hat uns das Mädchen gekündigt, und jetzt steh' ich da, ganz allein mit dem Buben... Napoleon! Hörst du nicht? Das Frühstück ist fertig.«

»Einen Augenblick«, murmelte der Kaiser und zeichnete auf dem Schlachtplan eine Linie ein. »Nur einen Augenblick noch.«

Der Kanonendonner wurde lauter. Die Artillerie des Herzogs von Wellington begann sich einzuschießen. Marschall Ney sah besorgt auf die Uhr.

»Ich kann mich kaum auf den Beinen halten«, jammerte Sarah. »Überall in der Wohnung läßt du deine Kleidungsstücke herumliegen, und ich hab' das Vergnügen, sie einzusammeln und in den Schrank zu hängen. Wie soll ich das alles bewältigen? Und steck nicht immer die Hand zwischen die zwei oberen Brustknöpfe, hundertmal hab' ich dir gesagt, daß der Rock davon einen häßlichen Wulst bekommt, der sich nicht mehr ausbügeln läßt... Wirklich, meine Herren, Sie haben keine Ahnung, wieviel Arbeit mir die schlechten Gewohnheiten meines Herrn Gemahl machen... Napoleon! Komm endlich frühstücken.«

»Ich komm' ja schon«, antwortete der große Korse. »Ich hab' nur noch ein paar Worte mit meinen Generälen zu sprechen.« Er nahm Haltung an, seine Gesichtsmuskeln spannten sich. »Blücher und Wellington, daran besteht für mich kein Zweifel, werden ihre Armeen vereinigen wollen. Wir müssen einen Keil zwischen sie treiben.«

»Der Tee ist schon wieder eiskalt«, kam aus dem Nebenzimmer Sarahs Stimme.

»In einer Stunde greifen wir an«, sagte Napoleon abschließend.

Von draußen hörte man schwere, eilige Schritte. General Cambron, der Adjutant des Kaisers, nahm immer drei Marmorstufen auf einmal, so eilig hatte er's.

»O nein! Kommt gar nicht in Frage!« Am Treppenabsatz trat ihm Sarah entgegen. »Ziehen Sie zuerst Ihre Stiefel aus! Ich lasse mir von Ihnen nicht das ganze Haus verschmutzen.«

In Strümpfen trat General Cambron zu den anderen bestrumpften Heerführern.

»Wenn ich eine Hilfe in der Küche hätte, wär's etwas anderes«, erklärte die Kaiserin. »Aber seit gestern hab' ich keine mehr. Herrn Bonaparte interessiert das natürlich nicht. Den interessiert alles, nur nicht sein eigenes Haus. Jetzt bin ich am Wochenende ohne Mädchen und kann mich wegen eurer dummen Schlacht nicht einmal um einen Ersatz kümmern. Wenn Sie vielleicht von einem anständigen Mädchen hören, lassen Sie mich's bitte wissen. Mit Kochkenntnissen. Und sie muß auch auf den Buben aufpassen. Aber keine Korsin, bitte. Die reden zuviel.«

»Gewiß, Majestät.« General Cambron salutierte und übergab dem Kaiser ein zusammengefaltetes Papier. Napoleon las es und wurde blaß:

»Meine Herren, Fouché ist zum Feind übergegangen. Was tun wir jetzt?«

»Jetzt frühstücken wir«, entschied die Kaiserin und ging ins Nebenzimmer voran.

Noch einmal trat Napoleon an den Tisch und fixierte mit dem Zeigefinger einen Punkt auf der Karte:

»Hier wird sich das Schicksal Europas entscheiden. Wenn der Gegenangriff von Südwesten kommt, fangen wir ihn an der Flanke auf. Meine Herren...«

»Napoleon«, unterbrach Sarahs Stimme. »Willst du Rühr- oder Spiegeleier?«

»Egal.«

»Rühreier?«

»Ja.«

»Dann sag's doch.«

»Meine Herren – vive la France!« beendete Napoleon den unterbrochenen Satz.

»Vive la France!« riefen die Marschälle und Generäle. »Vive l'Empereur!«

»Napoleon!« rief Sarah und steckte den Kopf durch die Tür. »Der Bub will dich sehen.«

»Majestät«, rief Marschall Murat. »Der Feind nähert sich!«

»Ich, lieber Herr«, fuhr die Kaiserin dazwischen, »ich bin es, die den ganzen Tag mit dem weinenden Kind auskommen muß, ich, nicht Sie. Wollen Sie dem Kaiser vielleicht verbieten, seinem Sohn einen Abschiedskuß zu geben?«

»Wo ist er?« fragte Napoleon.

»Er macht gerade Pipi.«

Und während der Kaiser sich zum Aiglon begab, stimmte die Kaiserin nochmals ihr Klagelied an:

»Ich hab' kein Mädchen. Ich muß alles allein

machen. Die Küche sieht aus wie ein Schlachtfeld. Und wie oft, meine Herren, hab' ich Sie schon gebeten, keine Asche auf den Teppich zu streuen?«

Im Hintergrund erschien Napoleon und strebte mit hastigen Schritten dem Ausgang zu.

»Was soll ich sagen, wenn jemand nach dir fragt?« wollte die Kaiserin wissen.

»Sag, daß ich in der Schlacht bei Waterloo bin.«

»Wann kommst du nach Hause?«

»Weiß ich nicht.«

»Hoffentlich rechtzeitig zum Mittagessen. Was möchtest du haben?«

»Egal.«

»Dann sag's doch. Und vergiß nicht«, rief sie ihm nach. »Ich brauch' ein Mädchen. Und komm nicht zu spät...«

Der Kaiser hatte sein Pferd bestiegen. An der Spitze seiner Heerführer nahm er den Weg durch die eng gewundene Schlucht, die in Richtung Waterloo führte.

Sarah nahm Besen und Schaufel, um die Halle vom Straßenschmutz zu säubern, der von den Stiefeln der Militärs zurückgeblieben war. Sie mußte alles allein machen, denn sie hatte kein Mädchen.

Durch das offene Fenster konnte man jetzt schon das Mündungsfeuer der Geschütze sehen. Blücher und Wellington setzten zu ihrem Umklammerungsmanöver an.

Die Geschichte weiß zu berichten, daß die beiden siegreichen Feldherren ohne ihre Ehefrauen gereist waren.

Selbstbedienung auf Kosten des Hauses

Napoleons trauriges Schicksal macht es fast verständlich, daß so viele Ehemänner ihre Mahlzeiten oder andere Annehmlichkeiten des Lebens außer Haus konsumieren. Gastronomische Seitensprünge müssen aber nicht unbedingt den Geldbeutel belasten, vor allem, wenn der Springer ein so schlauer Bursche ist wie mein Freund Jossele.

Vor ein paar Tagen fragte ich Jossele, ob er das Wochenende nicht mit mir zusammen am Strand verbringen möchte.

»Das wird leider nicht geh'n«, sagte Jossele. »Wegen meiner Hochzeit.«

»Entschuldige, Jossele. Ich habe schlecht verstanden. *Wessen* Hochzeit, sagtest du?«

»Das weiß ich nicht. Es interessiert mich auch nicht. Hauptsache ist, eine Hochzeit. Willst du mitkommen?«

Damit begann es. Jossele eröffnete mir, daß er schon seit vielen Jahren seine Wochenenden regelmäßig im »Industriellen-Club« verbringt, weil dort immer etwas los sei: ein Empfang, eine Geburtstagsfeier, eine Hochzeit.

»In jedem Fall bekommt man sehr gut zu essen und zu trinken«, klärte er mich auf. »Dann geht man mit einem Mädchen oder mit einem kleineren Darlehen weg und hat eine schöne Erinnerung. Ich kann diese Veranstaltungen jedermann wärmstens empfehlen.«

Pünktlich um elf Uhr, gekleidet in unsere dunkelsten Anzüge, gingen wir zum Industriellenpalast. Unterwegs bat ich Jossele um Tips für richtiges Verhalten, aber das lehnte er ab. Darauf müsse man von selbst kommen, meinte er, oder man bliebe besser zu Hause. Das einzige, was er mir raten könne, wäre, am Tag vorher nichts zu essen.

Einige hundert Personen waren bereits versammelt, als wir ankamen. Am Eingang standen die gutgekleideten, sichtlich wohlhabenden Brauteltern, die die Gäste begrüßten und vor Erschöpfung beinahe zusammenbrachen. Daneben stand das dümmlich grinsende Brautpaar. Wir schlossen uns der langsam sich dahinschiebenden Schlange an.

»Herzlichen Glückwunsch«, sagten wir unisono, als wir vor den Eltern standen, und schüttelten ihnen herzlich die Hände. »Was für eine hübsche Braut.«

»Danke«, antworteten die Eltern unisono. »Wir freuen uns, daß Sie gekommen sind.«

Dann wandte sich Jossele der eigentlichen Hauptperson zu und küßte die Braut auf die Wangen. Das Mädchen errötete schamhaft und stieß ein verlegenes Kichern durch die Nase.

»Wer sind die zwei?« hörte ich, als wir weiter-

247

gingen, die Stimme der Mutter in meinem Rücken und hörte die Stimme des Vaters antworten: »Keine Ahnung. Wahrscheinlich aus Roberts Familie.«

Kaum hatten wir den großen Empfangssaal betreten, als Jossele ein schärferes Tempo vorlegte. »Rasch zum Buffet«, raunte er mir zu. »Jede Sekunde zählt. Man sollte es nicht glauben, aber manche Leute kommen nur her, um sich anzufressen. Wenn wir uns nicht beeilen, kriegen wir nur die Reste.«

Die Brötchen waren ganz hervorragend, besonders die mit gehackter Gänseleber. Wir aßen jeder 50 und spülten etwas Bier und Kognak nach, um Platz für die Würstchen und die Bäckereien zu schaffen, die bald darauf gereicht wurden. Bereits nach einer halben Stunde fühlten wir uns wie zu Hause. Ich winkte den Kellner herbei, der gerade mit einem bereits geleerten Tablett abging, und bat um eine Eisbombe, aber schnell. Jossele bestellte ein Beefsteak und nachher eine Crème Caramel. Einige Gläser Champagner gaben uns wieder ein wenig Spielraum für die Ananas. Während des Essens machten wir die Bekanntschaft zweier Minister und baten sie um Posten. Eine dicke Dame verteilte Freikarten fürs Theater. Wir nahmen sechs.

Nach zwei anregend verbrachten Stunden warf Jossele einen prüfenden Blick nach der Küchentür und stand auf. »Das war's«, sagte er. »Laß uns gehen.«

Wir kamen am großen Tisch vorbei, auf dem die Hochzeitsgeschenke aufgeschichtet waren. Jossele wählte eine Bibel und einen elektrischen Korkenzieher, den er schon lange gesucht hatte. Ich entschied mich für eine Luxusausgabe von Shakespeares Werken und ein Barometer. Nächste Woche haben wir eine Abiturfeier.

Strategie der Sozialbananen

Gratisverköstigung ist zweifellos ein alter Traum der Menschheit, obwohl es nicht gut möglich ist, daß eine ganze Nation zu Roberts Hochzeit geht. So liegt die Last der Volksspeisung nach wie vor auf den Schultern der sozialen Einrichtungen.

Für die Nachwelt muß festgehalten werden, daß in dieser Beziehung unserer Stadtverwaltung die Palme gebührt. Sie war die erste Behörde des Landes, der es auf revolutionäre Weise gelang, die Ärmeren in der Bevölkerung von finanziellen Belastungen zu befreien.

»Meine Herren«, sprach unser Bürgermeister zum versammelten Gemeinderat, »ich finde, es ist der richtige Zeitpunkt, irgend etwas höchst Soziales zu unternehmen. Es ist mir nämlich zu Ohren gekommen, daß die begriffsstutzigen Bewohner unserer geliebten Stadt uns die 26 verschiedenen Gemeindesteuern übelnehmen. Ich beantrage daher eine demonstrative, sozialpolitische Gegenmaßnahme, wie zum Beispiel die Abgabe einer Gratisbanane an jedes Kind, das noch nicht das achte Lebensjahr überschritten hat.«

Der Vorschlag wurde unter allgemeinem Applaus angenommen. Die Gemeinderäte umarmten einander und drückten gerührt des Bürgermeisters Hand. Aus einer entsprechenden Rundfrage war nämlich hervorgegangen, daß jedes Elternpaar mindestens fünfzig Pfund monatlich allein für Bananen ausgab.

Die Stadtverwaltung ging sofort daran, den Entschluß in die Tat umzusetzen. Bereits sechs Monate später hatte eine Volkszählung sämtliche Kinder unter acht Jahren erfaßt. Die ganze Stadt war überzeugt davon, daß das Unternehmen »Sozialbanane« als revolutionäre Idee in Sachen Kinderfürsorge in die Geschichte eingehen würde.

Die Vorbereitungen standen kurz vor dem Abschluß, als plötzlich jemand einen Punkt zur Sprache brachte, der im Trubel der allgemeinen Begeisterung irgendwie übersehen worden war. Nämlich, woher sollte das Geld für diese bedeutende soziale Verköstigungsaktion kommen? Der Gemeinderat trat zur üblichen Notstandssitzung zusammen. Große Worte wurden gesprochen, aber letzten Endes waren sich alle einig, daß die Gratisbananen aus propagandistischen Gründen nicht mehr vom Tisch gewischt werden konnten. Schließlich ging es um das Prestige der gesamten Stadtverwaltung. Der finanzielle Aspekt, so einigten sich die Stadträte, war »in engster Zusammenarbeit mit der Bevölkerung zu lösen«.

Gleich am folgenden Morgen wurde eine große Bananenlotterie ins Leben gerufen. Jedes Los kostete fünfzig Pfund. Die Aktion erwies sich jedoch als nicht kostendeckend, da man vergaß, eventuelle Lottogewinne ins Kalkül zu ziehen. Man wandte sich daher direkt an die unverschämten Nutznießer der Aktion, nämlich an die Eltern der bananensüchtigen Kinder.

Der Plan war ganz einfach. Jedes Familienoberhaupt sollte laut Gesetz pro Monat ein Gratis-Bananen-Zertifikat zum Preis von 75 Pfund erwerben, das dem zugehörigen Kind das Recht auf seine tägliche Gratisbanane gab. Unglückseligerweise erwiesen sich die angesprochenen Eltern als kurzsichtige Querulanten. Sie teilten der Stadtverwaltung kategorisch mit, sie könne sich ihre Bananen an den Hut stecken.

Den Stadtvätern blieb nichts anderes übrig, als per Sozialgesetz zu erlassen, daß die Entgegennahme der täglichen Gratisbanane ab sofort obligatorisch sei. Schließlich handele es sich um nichts Geringeres als um die Gesundheit der lieben Kinder, ja, die Zukunft unseres Landes.

Alles Weitere ist bekannt. Sowohl die Bananenlotterie als auch die Gratis-Bananen-Zertifikate wurden einfachheitshalber in eine allgemeine städtische Bananenbuße in der Höhe von rund 100 Shekel monatlich umgewandelt. Damit wurde automatisch die 27. Gemeindesteuer geschaffen, wobei Zuwiderhandelnde mit Beschlagnahme ihres Eigentums, in besonders drastischen Fällen auch mit hohen Gefängnisstrafen zu rechnen hatten.

Die Kriminalpolizei stand in Alarmbereitschaft. Die ersten Verhaftungen wurden bereits vorgenommen. Die Aktion läuft.

Ulcus in Stereo

Ich möchte mein Epos vom Essen und vom Trinken nicht beenden, ohne auf den zwischenmenschlichen Aspekt einzugehen. Essen und Trinken bringt nämlich die Menschen zusammen.

Bereits einige Teller der richtigen Speise können ein gutgewachsenes Zwölffingerdarmgeschwür oder gar ein Ulcus Duodemitis verursachen, und bekanntlich bringt nichts zwei Menschen einander so nahe wie dieses. Außer vielleicht Nierensteine.

Wie schon das bekannte Sprichwort sagt: »Kranke Menschen werden Brüder«, wenn ich aus dem Griechischen richtig übersetzt habe.

PERSONEN: Der Dieb, das Opfer

ORT DER HANDLUNG: Die Wohnung des Opfers

ZEIT: Nacht

OPFER *(liegt im Bett und schläft)*

DIEB *(steigt im Mondlicht durch das Fenster ein. Er trägt über dem Gesicht eine Strumpfmaske, in der einen Hand eine Taschenlampe und in der anderen einen Revolver)*

OPFER *(schnarcht in Intervallen)*

DIEB *(geht auf Zehenspitzen zum Schrank und öffnet ihn)*

OPFER *(erwacht jäh, dreht das Licht an):* Was ist los? Wer sind Sie? Was wollen Sie?

DIEB *(zielt mit dem Revolver auf ihn):* Rühren Sie sich nicht, wenn Ihnen Ihr Leben lieb ist. Ich scherze nicht.

OPFER *(ängstlich):* Wer sind Sie?

DIEB: Was glauben Sie, der Steuereinnehmer?

OPFER *(jammert laut)*

DIEB: Halten Sie den Mund. Wenn Sie noch einen Laut von sich geben, sind Sie ein toter Mann.

OPFER: Daß so etwas möglich ist! In unserm Land! Daß ein Mensch einem andern so etwas antut!

DIEB: Na wenn schon. Das gehört zu unserem Normalisierungsprozeß. In einem normalen Land muß es auch Räuber geben, und deshalb werden Sie jetzt ausgeraubt. Kein Grund zum Jammern.

OPFER: Ich jammere nicht meinetwegen. Ich jammere über die Zukunft unseres Landes.

DIEB: Dann jammern Sie leise.

253

OPFER *(jammert leise)*

DIEB: Und jetzt wollen wir einmal nachsehen... *(Wühlt in den Fächern des Schranks)* Aha! Der Schmuck Ihrer Frau, wie?

OPFER: Um Gottes willen, nur das nicht.

DIEB: Keine Bewegung! Sie werden auch ohne Juwelen auskommen. *(Öffnet die Schatulle und leert den Inhalt auf den Tisch)* Prachtvoll! Wunderschön!

OPFER: Alles falsch.

DIEB: Maul halten. *(Setzt seine Wühlarbeit fort)* Wo ist das Geld? Sagen Sie mir sofort, wo Sie Ihr Geld versteckt haben, oder es knallt.

OPFER: Geld? Ich?

DIEB: Lassen Sie die Kindereien. Das nützt Ihnen nichts. Haben Sie das Geld vielleicht im Strumpf versteckt? Jetzt werden Sie blaß, was? *(Zieht aus dem Schrank ein paar prall gefüllte Strümpfe hervor)* Und was ist da drinnen? *(Entnimmt jedem Strumpf eine längliche Pappschachtel und jeder Schachtel ein Bündel Banknoten)* Na also.

OPFER: Das ist nicht schön von Ihnen. Ich habe das Geld für einen Kühlschrank gespart.

DIEB: Gut, ich werde mir dafür einen Kühlschrank kaufen. *(Hebt eine Medikamentenschachtel hoch)* Und was ist das?

OPFER: Nichts, was Sie interessieren könnte. Meine Medikamente.

DIEB *(öffnet die Schachtel)*: Was für Medikamente?

OPFER: Für meine Magengeschwüre.

DIEB: Magengeschwüre?

OPFER: Magengeschwüre.

DIEB: Wann haben Sie die bekommen?

OPFER: Vor vierzehn Jahren.

DIEB: Groß?

OPFER: Ungefähr so. *(Zeigt)* Tun manchmal fürchterlich weh. Warum fragen Sie? Haben Sie auch Magengeschwüre.

DIEB: Ob ich Magengeschwüre habe? Seit siebenundzwanzig Jahren, mein Lieber. Perforiert.

OPFER: Begreiflich. In einem Beruf wie dem Ihren, wo man sich ununterbrochen aufregen muß ...

DIEB: Eben. Was für Medikamente nehmen Sie?

OPFER: Amid-benzol-molfo-mycin-bromid.

DIEB: Ich nehme Carbo-strichio-bicarbonat-magnesium.

OPFER: Ach, Carbo-strichio-bicarbonat-magnesium. Kenn' ich. Ist überhaupt nichts wert. Lindert die Schmerzen für ein paar Minuten, und dann geht's wieder los.

DIEB *(liest das Etikett)*: Was steht hier?

OPFER: »Bei Schmerzen infolge von Aufregungszuständen oder fetthaltiger Nahrung sofort eine Tablette einnehmen, wenn vom Arzt nicht anders verordnet.«

DIEB: Dann verordne ich Ihnen jetzt zwei Tabletten. Es wird Ihnen guttun.

OPFER: Dazu brauche ich Wasser.

DIEB: Dann holen Sie's. *(Droht mit dem Revolver)* Los, los!

OPFER *(geht ab)*

DIEB *(ruft ihm nach)*: Auch für mich ein Glas! Ich möchte Ihre Tabletten ausprobieren!

OPFER *(kommt mit zwei gefüllten Wassergläsern zurück)*: Hier, bitte. Wissen Sie, ich habe schon überlegt, ob ich mich nicht operieren lassen soll.

DIEB: Tun Sie das nicht. Operationen sind immer gefährlich. Darauf soll man sich nur einlassen, wenn's gar nicht mehr anders geht. *(Nimmt die Maske vom Gesicht, holt Luft)* Mir ist zu heiß unter diesem Tuch. Hat man Ihnen eine Diät vorgeschrieben?

OPFER: Ja, aber sie hilft nichts. *(Schluckt die Tabletten und hustet)*

DIEB *(klopft ihm hilfreich auf den Rücken)*: Ich halte nichts von Diätvorschriften. Lauter Schwindel. Der Organismus läßt sich nicht betrügen. Manchmal esse ich gefülltes Kraut, und nichts passiert. Manchmal trinke ich ein Glas vorgewärmte Milch und bekomme einen Anfall.

OPFER: Kenn' ich, kenn' ich. Magensäure!

DIEB: Stimmt.

OPFER: Sie sollten nicht so lange stehen. Setzen Sie sich.

DIEB: Danke. *(Setzt sich)* Also Ihr Magen produziert zuviel Säure?

OPFER *(mit stolzem Lächeln)*: 68.

DIEB: Ich habe 71.

OPFER *(eifersüchtig)*: 71? Phantastisch! Wirklich 71?

DIEB: Genau.

OPFER: Können Sie das beweisen? Mit einem ärztlichen Zeugnis oder so?

DIEB: Selbstverständlich. *(Betastet seine Taschen)* Zufällig habe ich die Bestätigung nicht bei mir.

OPFER *(ironisch)*: »Zufällig...« Ein merkwürdiger Zufall. Ich kann Ihnen *meine* Bestätigung zeigen. *(Entnimmt seiner Brieftasche ein Blatt Papier)* Was steht hier? »Magensäure: 68«!

DIEB *(nimmt das Papier in Augenschein)*: Hier stand ursprünglich 58. Wenn man genau hinschaut, sieht man's ganz deutlich. Sie haben 68 draus gemacht. Eine klare Dokumentenfälschung. Kann Sie zwei Jahre kosten.

OPFER: Ich, ein Fälscher? Das ist doch unerhört. Passen Sie gefälligst auf, was Sie reden, sonst müßte ich Sie bitten, meine Wohnung zu verlassen. Ich habe keine 68? Wenn Sie's genau wissen wollen, beim ersten Test hatte ich sogar 73. Aber die Ärzte wollten das nicht anerkennen, weil der Test während einer Hitzewelle gemacht wurde.

DIEB: Schon gut, schon gut. Sie sollen sich nicht aufregen, auch bei 58 nicht.

OPFER: Nehmen Sie endlich Ihre Tablette. Ich möchte sehen, wie sie bei Ihnen wirkt.

DIEB: Das ist individuell. *(Entnimmt der Schachtel zwei Tabletten)* Ich nehme zwei, gut?

OPFER: Gut.

DIEB: Bitte halten Sie einen Augenblick den Revolver.

OPFER: Gerne. *(Tut es)* Und jetzt schlucken Sie.

DIEB *(tut es)*: Wir werden ja sehen... Aber warum stehen Sie? Setzen Sie sich.

OPFER: Danke. *(Setzt sich)*

DIEB: Ich fürchte, daß ich einen großen Fehler gemacht habe. Wenn ich sofort auf Diät gegangen wäre, hätte es noch geholfen. Aber ich habe die Symptome nicht beachtet, und jetzt ist es zu spät. Jetzt kann ich's nicht mehr ändern. Ich esse, ich rauche ...

OPFER: Ich auch. Es ist hoffnungslos. Trinken Sie?

DIEB: Wenn man mir etwas anbietet.

OPFER: Augenblick, ich habe eine wahre Köstlichkeit im Haus. *(Nimmt eine Flasche aus dem Schrank)* Darf ich? *(Dieb nickt. Opfer schenkt ein, stellt die Flasche auf den Tisch, trägt die Schmuckschatulle und das Geld in den Schrank zurück)*

DIEB *(trinkt, leckt sich die Lippen)*: Ah, französischer Cognac. Hervorragend.

OPFER: Hervorragend, aber für uns beide das reine Gift. *(Schenkt nach und füllt auch für sich ein Glas ein. Sie stoßen an)* Prost.

DIEB: Prost. Das schmeckt! Gestatten Sie: Max Polakoff.

OPFER: Moritz Deutscher. Sehr erfreut.

DIEB *(während des Einschenkens)*: Haben Sie Nierensteine?

OPFER: Sand.

DIEB: Ich habe einen *solchen* Stein. *(Gebärde)* Schmerzt fürchterlich.

OPFER: Der Sand auch. Manchmal krümme ich mich vor Schmerzen.

DIEB: Das ist noch gar nichts. Wenn bei mir ein Anfall beginnt, möchte ich am liebsten die

Wände hinaufklettern. So bin ich ja auch hier hereingekommen. Haben Sie einen guten Arzt?

OPFER: Ich bin bei der Krankenkasse.

DIEB: Moritz, für so dumm hätte ich Sie nicht gehalten. Krankenkasse! Sie zahlen und zahlen und zahlen und wenn's drauf ankommt, haben Sie nichts davon. Mit der Krankenkasse werden Sie Ihre Magengeschwüre nie loswerden. Ich gebe Ihnen die Adresse von meinem Arzt. Ein Spezialist für Leber, Niere und Magengeschwüre. Berufen Sie sich auf mich. Der Mann ist eine Kapazität. Er wird wahrscheinlich auch etwas an Ihrem Herzen finden.

OPFER: Sehr leicht möglich. Ich spüre sowieso schon seit einiger Zeit, daß mit meinem Kreislauf etwas nicht stimmt. *(Schweigen)*

DIEB *(steht auf)*: Ja, das ist alles schön und gut, aber davon kann ich nicht leben.

OPFER: Warum gehen Sie schon? Bleiben Sie noch ein paar Minuten, Max. Nur keine Eile. Bei Ihrem Gesundheitszustand ... Wir können noch ein wenig unsere Symptome vergleichen.

DIEB: Leider. Ich möchte ja gerne bleiben, aber ich habe hier in der Gegend noch zu tun. Was gibt's? Ist Ihnen schlecht?

OPFER: Dieses Brennen im Magen ... Ich darf keinen Alkohol trinken ... Und dabei waren's doch nur zwei Gläser ...

DIEB *(zieht ein Päckchen aus der Tasche)*: Da haben Sie etwas Bikarbonat. Ich trag' das immer bei mir, wenn ich bei Nacht arbeite.

259

OPFER *(nimmt und schluckt)*: Werden Sie es heute nicht selbst brauchen?

DIEB: Keine Sorge. *(Steckt den Revolver in die Tasche)* Dann breche ich eben in eine Apotheke ein. Schlafen Sie gut, Moritz. Wir brauchen Schlaf... *(Nötigt ihn ins Bett und deckt ihn zu)*

OPFER: Komm doch bald wieder, Max. Es wird mir eine Freude sein.

DIEB: Mir auch.

OPFER: Du mußt mich nur rechtzeitig wissen lassen, wann.

DIEB: Wie wär's mit Dienstag?

OPFER: In Ordnung. Hol mich zum Nachtmahl ab.

DIEB: Mach' ich. Warte, ich schreib's mir auf. *(Zieht ein Notizbuch hervor, murmelt)* »Dienstag abend... Moritz Deutscher abholen... Durch die Tür kommen.« Auf Wiedersehen, Moritzl.

OPFER: Auf Wiedersehen, Maxl. Alles Gute.

ALLEIN GEGEN DIE MAFIA

Lange habe ich darüber nachgedacht, wie mein epochales Werk zu beenden wäre. Ich kam zu der Schlußfolgerung, daß ich gemäß den allgemeinen Gepflogenheiten auf den letzten Seiten einen Streik zu verkünden hätte.

Ich weiß, es ist schwer zu glauben, aber ich habe noch nie an einem Streik teilgenommen. Wirklich nicht. Ehrenwort. Fragen Sie mich nicht, warum, ich fühle mich ohnehin schon schuldig genug. Ich bin ein Bürger der alten Schule und sowohl psychisch als auch physisch gesund, ich arbeite genausowenig wie jeder andere, und trotzdem habe ich noch nie gestreikt.

Natürlich schäme ich mich dafür. Ich fühle mich wie ein Ausgestoßener. Wie ein Trottel. Ein Gastarbeitsloser. Die Schuster haben schon gestreikt, die Briefkasten- und Müllkübelleerer, der gesamte Lehrkörper, die Räuber und die Gendarmen, die Friseure, die Masseure und die Chauffeure, die Docker und die Rocker, die Gas-, Licht-, Wasser- und Bankkassierer, die Fischer und die Fische, die Fliegen und die Fänger, kurz gesagt, jedermann und sein Schwager.

Nur ich stehe da, ohne je gestreikt zu haben.

Ich habe daher beschlossen, diese Schmach fortan nicht länger zu ertragen. Nächste Woche, in aller Herrgottsfrühe, begebe ich mich nach Jerusalem, beziehe vor dem Amt des Gesundheitsministers Posten und erkläre meinen Streik gegen den von oben geförderten Kalorienterror. Und weil handelsübliche Streiks von niemandem mehr beachtet werden, schließlich hat es sie ja in sämtlichen Variationen gegeben, als Sitz- und Liegestreik, als Hungerstreik, als Lucky-Strike, habe ich vor, eine neue Form des Streiks zu erfinden.

Einen Eßstreik.

Genauer gesagt, ich werde mich vor den Augen des Gesundheitsamtes mit Leckerbissen aller Art vollstopfen. Ich werde ungarische Salami und böhmische Leberwurst zu mir nehmen. Beefsteak und kalorienreichen Gänsebraten, Cremeschnitten, Apfelstrudel und Bienenstich. So lange, bis die Leute im Regierungsgebäude vor Neid zerplatzen und zugeben, daß Kalorien gesund sind und Fett wunderbar. Dann und nur dann werde ich das Essen einstellen.

Sollte irgendeiner meiner Leser sich ebenso frustriert fühlen, ist er herzlichst eingeladen, möglichst mit Kalbsmedaillons in zartpikanter Sauce und Preiselbeeren ausgerüstet, an meinem Eßstreik teilzunehmen.

Wie hat doch der unglückliche Karl Marx so schön gesagt: »Wir haben nichts zu verlieren, außer unseren Appetit.«

Und das ist, meine Damen und Herren, die Botschaft dieses Buches.

Wie es wirklich war

Ephraim Kishons Erinnerungen, in denen er erstmals Farbe bekennt, sind ein bewegendes Stück Zeitgeschichte unseres Jahrhunderts mit all seinen Höhen und Tiefen und trägt so auch ein gutes Stück zur Versöhnung zwischen Juden und Deutschen bei.

Langen Müller